ぐんぐん

考える力を育むよみきかせ

うちゅうのお話20

国立天文台・監修

山下美樹・作

西東社

はじめに

　宇宙というと、壮大で、自分たちの日常からは遠くはなれたもののように感じるかもしれません。でも、晴れた夜に空を見上げて、そこに輝く月や星をながめることはありませんか。歩いているのに、月がどこまでも自分についてくるように感じることはありませんか。かくいう私も幼いころ、父の肩車に乗せられながら、東の山の端からのぼった大きな満月をながめ、なんだかいつもより大きいなぁと思ったことがあります。宇宙は、じつは私たちのくらしのすぐそばにある、身近な「科学」なのです。

　テレビや新聞で日本人の宇宙飛行士の活躍やロケットの打ち上げが報じられたり、スーパームーンとか、ブラックホールなどの宇宙に関するニュースにふれて、宇宙に興味をもつこともあるかもしれませんね。お子さんが興味をもって、なぜ、どうして、と問いかけられたとき、親としてその疑問に答えられるでしょうか。宇宙といっても、そのスケールは地球のそばから宇宙の果てまでとてつもなく大きいうえに、昨今では観測技術が進み、すさまじいスピードで理解が進んでいます。少し前の教科書に書いてあることが、書き直されていることもしばしばです。たとえば、太陽系の惑星を太陽から近い順に挙げてみたときに、「水金地火木土天海

冥」と唱えるのはざんねんながらもう古いのです。宇宙の理解はどんどん進み、続々と新しい発見が生まれ、認識も変わりつつあります。

　この本は、宇宙に最初に興味をもった子どもたちの、なぜ、どうして、に正しく答えるべく作られました。わかりやすくするために、ふんだんにイラストや写真を使っています。さまざまな宇宙のトピックスを思いきったフィクションのお話にしています。ばっさりと細かい難解な部分をそぎ落としてもいますが、紹介される宇宙に関する記述の正確性は落としていません。国立天文台に属する天文学者3名が、それぞれの分野を分担してチェックをしていますので、ぜひ安心してお楽しみいただければと思います。

　本書を手にとってお読みいただき、最新の宇宙について理解してもらうだけでなく、まだまだ謎がある世界の奥深い魅力についても知っていただければ幸いです。そしてこの本が親子で星空を見上げるきっかけとなり、親子の会話が弾むことがあれば、これほど嬉しいことはありません。

自然科学研究機構国立天文台上席教授

渡部潤一

もくじ

この本の使い方

この本には、20話の宇宙のお話が入っています。そして、それぞれのお話のあとには「なぜ？どうして？」がもっとわかる図解ページがあります。
図解ページはまず大人が読んで、お話の内容に興味をもった子どものギモンにたくさん答えてあげましょう。図解ページの「やってみよう！」コーナーでは、親子でかんたんにできる体験もしょうかいしています。

お話を たのしむ！

どれも8〜10ページの短いお話です。声に出して読んで、親子でたのしみましょう。すべてひらがなとカタカナで書かれていますので、ひらがなとカタカナをおぼえた子なら、ひとりでも読むことができます。

図解で わかる！

子どもには少しむずかしい言葉や表現もありますが、大人が読んでも「へえ、そうなんだ！」と知識が身につく内容がもりだくさん。お話を読んで興味をもった子どもと、さらに深い話ができます。

親子で やってみる！

図解ページの「やってみよう！」では、親子でできるさまざまな提案をしています。お話を読んで興味をもち、親子で会話をしたあと、さらに「体験」することで知識がしっかりと身につきます。

※天文学では「星」といえば恒星をさしますが、この本では子ども向けにわかりやすく表現するため、惑星や衛星や彗星なども「ほし」「星」と書いている箇所があります。

ちきゅう
クッキング

こんばんは。うちゅうクッキングの　じかんです。
きょうは　こんな　しつもんが　きましたよ。
「ちきゅうって　どうやって　つくるんですか?」
みずの　ある　ほしは、めずらしいですからね。
では、さっそく　つくっていきましょう。

よういするのは　こちら、
《うまれたての　たいよう》です。
なお、うまれたての　たいようの　まわりには、
ガスや　チリが　うずまいています。
この　なかの　チリが　たいせつなんです。
すてないでくださいね。

9

では、つくりかたです。

まずは、ガスや　チリが　うまれたての　たいようの
まわりを、まわっているのを　みまもります。

「みまもる!?　まぜなくて　いいんですか?」

むしろ、まぜないでください。

たいように　ちかい　チリだけが、

ちきゅうの　もとに　なりますからね。

はい、しばらく　みまもったのが　こちらです。
チリが　あつまって、わくせいの　かけらが
たくさん　できました。わくせいとは、たいようの
まわりを　まわる　おおきな　ほしの　ことです。
この　かけらたちを、まとめて　おおきくしましょう。
ただ、おおきくて　おもたい　かけらほど、まわりの
かけらを　ひきよせて、かってに　おおきくなります。
「つまり　また、みまもるんですね！」

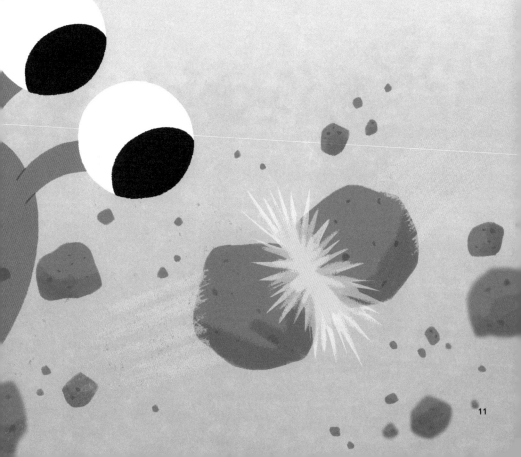

さあ、いわの わくせいが いくつも できました。
「でも、これ どろどろに とけてませんか?」
はい、まだ どろどろの あっつあつです……あっ!
つついたら ダメですよっ!
ほら、できたての ちきゅうに ぶつかっちゃいました。
けれど……、ぶつかって
とびちった かけらから、
うまく つきが
できましたね。

「あの、せんせい。これが　ちきゅうですか?
　うみが　なさそうですが」
はい、よいところに　きがつきましたね。
じつは、このままでは　うみは　できません。
「では、うみは　どうやって　つくるんですか?」
はい、こちらに　よういしてあります。
うみの　ざいりょうは……これです!

「せんせい、これは　なんでしょう?」
ちいさい　わくせいの　かけらです。
たいようから　はなれた　ばしょで　つくられたので、
こおった　みずや　くうきの　もとが　はいっています。
きょうは　じかんが　ないので、こちらで
パラパラと　ふらせてみましょう。
はい、パラパラパラ〜。

しばらく　おいて　さまします。

はい、こちらが　さましておいた　ちきゅうです。

「せんせい、くうきと　うみが　できましたね！」

たいようからの　きょりが　ちょうどいいから、

みずが　こおったり　かわいて　きえたりしないんです。

……はい、ちきゅうの　かんせいです！

じかいは、ちきゅうの　いきものの　つくりかたです。

どうぞ　おたのしみに！

地球のふしぎ

地球はわたしたちがくらす星です。地球とは、どのような星なのでしょう。ほかの星とちがいはあるのでしょうか。

地球ってどんな星?

地球は、太陽のまわりをまわる「惑星」という星のひとつです。太陽と太陽をまわる星たちを「太陽系」といい、太陽系には8つの惑星があります。地球は太陽から3番目の惑星で、とくちょうはなんといっても、生き物がいること。水や大気があり、温度も熱すぎず寒すぎずちょうどいいのです。このようなところを「ハビタブルゾーン」といいます。

> 太陽系の惑星でハビタブルゾーンに入っているのは地球だけだよ。

地球の中身

> 地核と上部マントルのいちばん上のぶぶんを合わせてプレートともよぶ。プレートはひとつづきではなく、10数まいに分かれているよ。

> 外核で、地磁気（地球がもつ磁石の力 → P140）が発生しているよ。

地核
岩石でできていて、たまごのカラのように地球の表面をおおっている。

上部マントル
岩石でできていて、地核とくっついている。

下部マントル
岩石でできているが、数億年という長い時間をかけてゆっくり動いている。

内核
6000度くらいの高温。かたい鉄などでできている。

外核
鉄などの金属が液体になって、上下に動いている。

直径	1万2756km
重さ	6,000,000,000,000,000,000,000トン（60垓トン）
太陽からのきょり	平均1億4960万km

地球の誕生

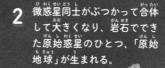

原始惑星

微惑星

太陽

1 約46億年前に太陽が生まれたあと、太陽のまわりをまわっていたガスやチリがあつまり、「微惑星」が生まれる。

2 微惑星同士がぶつかって合体して大きくなり、岩石でできた原始惑星のひとつ、「原始地球」が生まれる。

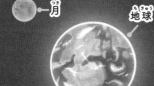

月

地球

4 微惑星がふりそそぎ、長い時間をかけて大気と海ができる。

※地球や月のできかたには、いろいろな説があります。

3 原始地球に別の原始惑星がぶつかり、月（➡P36）が生まれる。

原始地球

地表はマグマにおおわれている

やってみよう！

宇宙生まれのものをさがそう

地球は太陽のまわりのチリから生まれ、太陽もまた、宇宙をただようチリやガスから誕生しました。わたしたちのみぢかには、宇宙からきたものがたくさんあります。家の中で、宇宙生まれのものをさがしてみましょう。

大昔に恒星（➡P26）の中でつくられたもの

● アルミニウム（1円玉 など）
● 鉄（フライパン など）

大昔に恒星のばく発でつくられたもの

● 銅（10円玉 など）
● 金や銀（アクセサリー など）

地球の内部でつくられたもの

● ダイヤモンド など

おひさまは なぜ あたたかいの？

おひさま ホットケーキ

きょうは、おひさま さんさん いい てんき。

ネコくんが、きもちよさそうに ひなたぼっこ。

「はぁ〜、からだが ぽかぽか あったまる〜。

　けがわも、おひさまの いい におい。

　ぼく、おひさま だーいすき」

そこへ……。

18

あまくて　こうばしい　においが　ふわわ～ん。
「おいしそうな　においだな」
ネコくん、はなを　ひくひく　くんくんくん。
おや、あまい　においが　ちかづいてくるみたい。
「おひさまホットケーキは　いかがですか～」
やってきたのは　キツネさん。

19

「おひさまホットケーキ!? なあに、それ?」
ネコくん、おもわず とびおきた。
「おひさまで やいた ホットケーキですよ。
　おひとつ いかが?」
キツネさんが じまんげに とりだしたのは……。

こんがり　キツネいろの、ほっかほか　ホットケーキ！
「うわぁ、おいしそう〜。
　でも、どうやって　おひさまで　やいたの？
　ぼくが　ひなたぼっこ　していても、
　こんがり　まるやけに　ならないよ？」
ネコくんが　くびを　かしげた。
「それはね……」

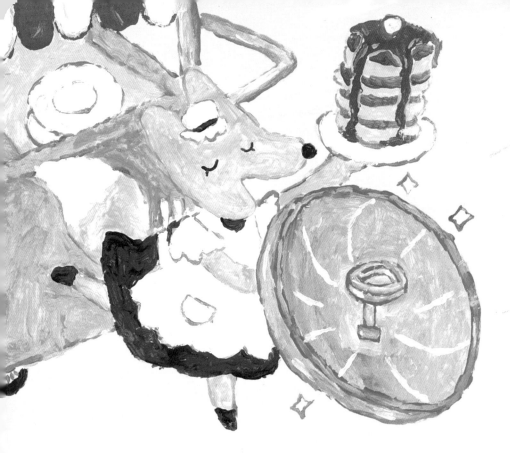

キツネさんは、ぎんいろの　カサのようなものを
とりだすと、たのしげに　うたいだした。
♪おひさまの　ひかりは、
　あかるい　だけじゃないんです〜
　めに　みえない　ひかりも　ありますよ〜
　バイキン　やっつける　しがいせん〜
　ものを　あっためる　せきがいせん〜
　おひさまの　ひかりを　あつめたなら、
　なんと　ケーキも　やけますよ〜♪

「その　ピカピカで　ホットケーキを　やいたの?」
キツネさんの　うたを　きいた　どうぶつたちが、
おおぜい　あつまってきた。
「そうよ。おひさまの　ひかりを　1てんに　あつめると、
　あっつあつに　なるの。おひさまって、すごいでしょ?」
「へぇ、おひさまホットケーキ、くださいな!」
「わたしにも!」
おひさまホットケーキ、たちまち　だいにんき!

ジュッ、ジュワ〜!

ホットケーキの　たねを　フライパンに　ながしいれ、

ふつふつしたら、シュッと　すくって　うらがえし。

キツネさんは、つぎつぎ　ホットケーキを　やいた。

しあげに、はちみつと　バターを　とろり。

「はい、おひさまホットケーキ　おまたせ〜」

みんなに　いきわたったかな?

「いただきまーす！」
はふはふ　むぐむぐ、おいしいね！
「おひさまって、あかるくって、あったかくって、
　あつあつにも　なれて、ほんとに　すてき」
みんな、おひさまに　てを　あわせて、ごちそうさま！
「どういたしまして〜！」
おひさまも　うれしそうに、
みんなを　ぽかぽか　てらしたんだって。

太陽のふしぎ

わたしたちのくらす地球が明るくあたたかいのは、太陽の光が
とどいているからです。どうして太陽はあたたかいのでしょう?

太陽はどんな星?

太陽は、自分で光と熱を出す「恒星」
という星です。恒星はとても温度が
高いガスでできていて、地球のよ
うなかたい地面はありません。太陽
は地球にいちばん近い恒星です。

太陽はおよそ11年に1度活動が活
発になります。活発なときは、表面
に黒点がふえたり、地球でオーロ
ラ(➡P140)が多く見られたりします。

直径	139万1400km (地球の約109倍)
重さ	地球の約33万倍
表面温度	約6000度

黒点
表面温度がまわりよ
り2000度ほど低いた
め、黒く見える。

フレア
コロナでおきるばく発。
大きいばく発がおこる
と、オーロラも活発に
なることが多い。

プロミネンス
数千度から1万度に
もなる、高温のアーチ
状のガス。

コロナ
太陽をおおう100万度
いじょうのガス。皆既
日食(➡P46)のときは、
肉眼でも見える。

太陽が出ていると
あたたかいのはなぜ?

太陽の光には、まわりを明るくするだけ
でなく、ものをあたためる力があります。
太陽から地球にとどく光は、大きくわけ
ると、目に見える「可視光」、目に見えな
い「赤外線」と「紫外線」の3つです。この
うち「赤外線」は、ぶつかったものをあた
ためます。赤外線はまず地面をあたため、
その地面が空気をあたためています。

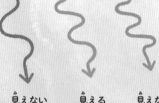

見えない **赤外線** 見える **可視光** 見えない **紫外線**

なぜあつい夏と寒い冬があるの?

地球が24時間で1回転(自転)するときの軸(自転軸)は、約23.4度かたむいています。この状態で、太陽を1年かけて1周(公転)すると、北半球では北極がわが太陽をむく時期に太陽が高くて昼が長い夏になり、南極がわが太陽をむく時期に太陽が低くて昼が短い冬になります。つまり、季節は地球のかたむきがつくっているのです。

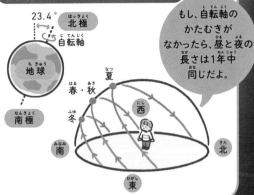

自転軸のかたむきと太陽のとおり道

23.4°
北極
自転軸
地球
南極
春・秋
夏
冬
西
南
北
東
みなみ

もし、自転軸のかたむきがなかったら、昼と夜の長さは1年中同じだよ。

やってみよう!

ソーラークッキング

太陽の光をあつめると、料理ができるほどの熱さになります。ソーラークッカーという、太陽の熱で料理をする商品も売られています。ソーラークッカーで料理をつくってみましょう。天候や季節によっては十分に温度が上がらないこともあるため、低温調理できるものからつくってみるのがおすすめです。

用意するもの

● ソーラークッカー
● 器…黒いビニールテープや黒いホイルをまいた空きカン、はんごう、スキレットなど。
● 風よけ用のビニールまたは2リットルペットボトルの下半分
● 調理したい食材

うまくあたためるには?

● 日が高いお昼ごろに調理する
● 日が正面からあたるよう、太陽の動きに合わせて、30分から1時間に1度、クッカーのむきを調整する

かんたん! ゆでたまごのつくりかた

1 器の中にたまごを入れ、たまごがぜんぶつかるまで水をそそぐ

2 器にふたかラップをして、ソーラークッカーに立て、上から風よけをかぶせる

3 夏のよく晴れた日なら、1時間くらいで固ゆでたまごが完成!

※ソーラークッカーの中心は熱くなります。やけどに注意し、調理はかならず大人が行いましょう。

つきは なぜ あたたかくないの?

あったかくなりたい
おつきさま

まんまる おつきさまが、よぞらを ほんわり
てらしています。
もりも いきものも ねしずまり、
よるは とっても しずかです。

「あーあ、よるは　みんな　ねちゃって　つまらない。
　おひさまみたいに、あかるく　ぽかぽか　てらせたら、
　よるも　にぎやかに　なるのにな」
おつきさまは、はぁと　ためいきを　つきました。
「どうしたら　おひさまみたいに　なれるかな」

おつきさまは、まいにち　すこしずつ
しずむ　じかんを　おそくしていきました。
おひさまに　あえる　じかんが　ふえますからね。
「やっぱり　おひさまって　すてき。あかるくって
　あったかで、からだも　こころも　ぽっかぽか」
あったかい　あさひを　あびて、
おつきさまは　うとうと。

「こうやって、ひなたぼっこを　つづけたら、
　わたしの　ひかりも　ぽかぽかに　なるかも」
おつきさまは、どんどん　おひさまに　ちかづいて……。
とうとう、おひさまと　ほとんど　おなじ　じかんに
のぼって　しずむように　なりました。
こまったのは、よるに　うごきまわる　どうぶつたち。

「おつきさま、よぞらを　てらしてくださいよぅ!」
「わたしたち、おつきさまの　ひかりが
　すきなんです」
オオカミと　キツネが　いいました。
「でも、ほんとは　おひさまみたいな
　あったかい　ひかりの　ほうが　いいでしょう?」
おつきさまが　いうと、みんな　くびを　ぶんぶん。

「おつきさまは、じぶんで　ひかりを　ださずに、
　おひさまの　ひかりを　はねかえして　ひかるでしょ。
　まぶしくないし　あつくないし、
　ちょうど　いいんです」
フクロウが　いいました。
「へぇ、そういうものかしら」
こうして、おつきさまは　また　よるを
てらすように　なりました。

まんまる　おつきさまが、
よぞらを　ほんわり　てらしています。
よーく　みみを　すますと、かさかさ　こそこそと
いきものたちの　おとが　します。
「ぽかぽかしない　ひかりも　やくに　たつのね。
　わたしは　おひさまみたいに　なりたいけれど……」

ひとばんじゅう　よるを　てらす　おつきさまを　みて、
どうぶつたちも　ほっと　ひとあんしん。
それに、あれあれ……。

「おつきさまが　おひさまみたいに　ならなくて
　よかった～。まぶしくて　あつい　ひかりを
　いちにちじゅう　あびてたら、おいら　とけちゃうよ」
ぶつぶつ　いいながら　もりを　ぷかぷか　とおるのは、
……えっ、ひょっとして　オバケ!?

月のふしぎ

地球からもっとも近い星で、夜空を明るく照らしてくれる月。
月は地球とどのような関係で、どのように光っているのでしょうか。

月はなぜ光っているの?

惑星のまわりをまわる星のことを「衛星」とよびます。月は、地球の衛星です。小さな星ですが、地球の近くにあるので大きく見え、だいたい、地球から見た月と太陽は同じくらいの大きさです。

けれど、月の光は太陽の光とちがってあたたかく感じません。月は太陽とちがい、自分で熱と光を出していないからです。月は、太陽の光をはね返して光っているのです。

> 直径　3475km（地球の約4分の1）
> 表面温度　約－170度～約110度
> 地球からのきょり　平均38万km

地球からのきょり

時速1000kmの飛行機で約16日で行けるきょりだよ。

地球上でもっとも低い気温の記録は、南極の－89.2度。もっとも高い気温はさばくの56.7度。月は地球よりも寒くて熱くなるんだね。

やってみよう!

月の大きさをくらべてみよう

のぼりはじめの地上に近い満月が、とても大きく見えることがあります。でもじつは、空高くのぼったときと、月の大きさは同じです。その大きさは、うでをまっすぐのばして5円玉をもったときの、5円玉のあなとほぼ同じです。満月の日に、何度か時間を変えて5円玉をかざし、たしかめてみましょう。

※同じ方法で太陽の大きさをはかってはいけません。

月の形の変化

太陽、月、地球の位置
関係によって、月は満ち
欠けをします。新月から
数えて3日目が三日月、
15日ごろが満月、29〜
30日ごろにふたたび新
月になります。

地球から見ると……

上弦の月
夕方に南の
空高くのぼる。

三日月
午後2時ごろ南
の空高くのぼる。

満月
真夜中に南の
空高くのぼる。

新月
真昼に南の空高く
のぼるが、地球と
太陽のあいだに月が
きて、光があたら
ないために見えない。

地球

太陽

下弦の月
明け方に南の
空高くのぼる。

地球から見ると……

地球から見ると……

お話のように、
月は形を変えながら
空にのぼる時間・
しずむ時間を
変えていくよ。

月のもようはいつも同じ!?
月は満ち欠けをくり返すけれど、よく見る
と月が光っている部分のもようはいつも同
じ。これは、月が自分で1回転（自転）する
日数と、地球のまわりを1周（公転）する
日数が同じだからだよ。地球から月のう
らがわを見ることはできないんだ。

アポロ16号がさつえ
いした月のうらがわ

写真提供：
NASA/JPL/USGS

たいようと つきの おおきさくらべ

さあ、よってらっしゃい みてらっしゃい。

たいようと つきの おおきさくらべだよ。

え? どうやって くらべるかって?

つきが たいようを かくして、

すっぽり かくしきれたら つきの かち。

かくしきれなかったら たいようの かちだよ。

ぶたいは　こちら、にっしょくげきじょう。
おっと、たいようを　ちょくせつ　みたら、きけんだよ。
でも、この　にっしょくグラスが　あれば　あんぜんだ。
「かして！」「こっちにも！」
はい、どうぞ　どうぞ。おさないで。
みんな　にっしょくグラスを　うけとった？
それでは、なかへ　どうぞ　どうぞ。

「やあ、みなさん　いらっしゃい。
　おおむかしから　つづく　この　しょうぶ。
　ぜんかいは、わたしが　ゆびわみたいに
　はみだして、おつきさまに　かちました。
　きょうも　どうぞ　たのしんで」

「おや、おひさま、ゆだんたいてき。
　きょうこそ　わたしが　かちますよ」
「ほっほっほ。かかってらっしゃい」
「それでは　おひさま、いざ　しょうぶ！」

さあ、はじまった　はじまった、
たいようと　つきの　おおきさくらべ。
みたところ　おおきさは　どっこいどっこい。
そらに　かがやく　たいようを、つきが　うえから
かくしはじめた。
どんどん　たいようが　かけていく。

だいぶ　ほそく　なってきた。
そろそろ　ぴたりと　かさなるころ。
さあ、たいようが　はみだすか?
それとも　つきが　かくしきるか?

かつのは　つきか　たいようか、
さあ　さあ　どっちだ、さあ　どっちだ?
おや、そらが　きゅうに　くらくなってきた!

ジャーン！
つきが たいようを ぴたりと かくした！
くらくなった そらには、ほしが きらり。

「ふっふっふ。きょうは わたしの かちですね」
「ざんねんむねん。つぎは ぜったい まけません」
たいようが かおを のぞかせて、
すっきり あおぞらに もとどおり。

たいようと　つきの　おおきさくらべ、
ほんじつは　これにて　へいまくです。
てに　あせ　にぎる　せめぎあい、
じかいは　どちらが　かちますやら。
この　にっしょくげきじょうで、またの　おこしを
おまちしております。

親子で学ぶ ▶ 日食のふしぎ

空に太陽がのぼっているときに、月が太陽をかくしてしまう現象を「日食」といいます。どんなしくみなのでしょうか?

地球から見た太陽と月の大きさはほぼ同じ

太陽の直径は、月の直径の約400倍の大きさです。いっぽう、太陽と地球のきょりは、月と地球のきょりの約400倍遠くはなれています。約400倍大きいのに、約400倍はなれているので、ほぼ同じに見えるのです。

日食はなぜおこる?

太陽が新月（→P37）にかくされ、欠けたり見えなくなったりすることを「日食」といいます。短時間のうちに太陽の形が変わっていくように見える現象です。

日食は、太陽と地球のあいだを新月が横切るときにおきます。月が太陽のいちぶをかくす「部分日食」と、ぴたりと重なる「皆既日食」「金環日食」があります。地球と月のきょりが近いと皆既日食、遠いと金環日食になります。

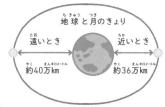

月とのきょりと日食

月が地球のまわりをまわるコース（軌道）は、じつはまんまるの円ではない。だから月が地球から近いときは少し大きく、遠いときは少し小さく見えるんだ。

地球と月のきょり
遠いとき　近いとき
約40万km　約36万km

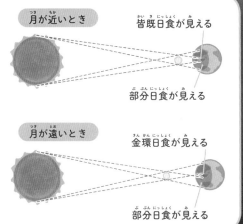

月が近いとき
皆既日食が見える
部分日食が見える

月が遠いとき
金環日食が見える
部分日食が見える

やってみよう!

日食や月食を見よう

日食や月食のおきる時期をしらべて、じっさいに見てみましょう。日食は、太陽の光を安全に見るための「日食グラス」が必要です。月食は、望遠鏡などを使わなくても肉眼で十分に楽しめます。日食と月食の予定は国立天文台のホームページ（http://www.nao.ac.jp/astro/）の「日食一覧」と「月食一覧」でしらべられます。

※失明のきけんがあるので、太陽を直接、あるいは望遠鏡やカメラごしに見てはいけません。かならず大人と観察しましょう。

月が地球に近いとき

皆既日食

太陽がぜんぶかくれて、コロナ（→P26）が見える。

写真提供：国立天文台

月が地球から遠いとき

金環日食

太陽がリング状にはみ出て見える。

部分日食

太陽のいちぶが欠けて見える。

「月食」もある

月食は、太陽・地球・月が一直線にならぶ満月のときにおこります。月が地球のかげに入りこむと、太陽の光があたらなくなるのです。月のいちぶが地球のかげに入る「部分月食」と、ぜんぶがかげに入る「皆既月食」があります。

皆既月食のときでも、太陽の赤い光は地球のまわりの大気をとおして月までとどくから、赤っぽい色の月になるんだ。

ちきゅうには どんな きょうだいが いるの？

わくせいたちの かくしげいたいかい

きょうは、わくせいたちの　かくしげいたいかい。
おかあさんの　たいようや　きょうだいぼしに
すごい　ところを　みせようと、みんな　おおはりきり。
さあ　どんな　かくしげいが　とびだすかな？
はじまり　はじまり〜。

「1 ばん、すいせい。あつあつから　ひえひえに
　　なってみせまーす。せーの　くるり」
はんかいてんで　カチンコチン。おみごと！
「ひるは　430ど。よるは　マイナス180どなんだ」
へぇ、そんなに　おんどさが　あるなんて　びっくり！

「2ばん、きんせい。たいようの　ひかりを
　はねかえします。バイーン、はい　このとおり」
はねかえった　ひかりが　まぶしい。おみごと！
「ひみつは　この、ぜんしんを　おおっている
　ぶあつい　くも。きんぞくも　とかせるの」
へぇ、はねかえしたり　とかしたり　すごい　くも！

「3ばん、ちきゅう。いきものを　だしまーす。
　ゆらゆら～、はい　このとおり」
おどろいた　いきものが　とびだした。おみごと！
「いろいろ　いるでしょう？　みずの　おかげだよ」
へぇ、いきものは　みずが　ないと　うまれないんだ！

「4ばん、かせい。ぼくは、からだの　もようを
けしまーす。はーっ、はい　このとおり」
ほんとに　もようが　きえちゃった。おみごと！
「すなあらしで　からだを　おおったんだ」
へぇ、なんて　きょうれつな　すなあらし！

「5ばん　もくせい。いんせきの　まとに　なりまーす。
　ドーン！　ほら、ぶつかっても　なんともない」
おみごと！　でも、どうして？
「ふふふ。それは　ぼくが　ほとんど　ガスだからさ」
へぇ、もくせいは　ガスで　できているのかぁ！

「6ばん、どせい。ぼくは、この　すてきな　わを
　けしてみせまーす。よいしょっと、はい　きえました」
ほんとに　わが　なくなった!?　おみごと!
「えっへん。ぼくの　わは、うすいんだ。だから、
　みんなから　きえて　みえる　むきが　あるのさ」
へぇ、わっかに　そんな　ヒミツが　あったなんて!

「7ばん、てんのうせい。みんなとは　ちがう
　　たてむきに　かいてんしまーす！　ホイッ！」
ほんとに　たてに　まわってる。おみごと！
「わっかを　つけると、わかりやすいだろう？」
へぇ、みんなと　ちがう　かいてんが　できるなんて！

「8ばん、かいおうせい。ちいさな　ほしを
　　ほうきぼしに　しまーす。はいっ！」
かいおうせいに　はじかれた　ほしが、たいように
ちかづいて……おっぽが　のびた。おみごと！
「ちかづいてきた　ちいさな　ほしの
　　コースを　かえているんだ」
へぇ、さわらずに　コースを　かえられるなんて！

「さいごは　わたし、たいようの　かくしげい。
　いまから　ばくはつを　おこしまーす！」
「えっ、ばくはつ！？　おかあさん　やめて〜！」
わくせいたちは　びっくり。あわてて　とめたけれど、
たいようは　ふんっと　ちからを　こめて……ボフッ！
「これは、フレア。おならみたいなものよ。ウフフ」
たのしそうな　たいように、みんな　めを　ぱちくり。

ああ、びっくりした。さいごは　ドキッと　したけれど、
かぞく　みんなの　かくしげい、たのしかったね。

太陽系のふしぎ

太陽系の惑星は、地球を入れてぜんぶで8つ。ほぼ同じ時期にできたきょうだい星ですが、大きさやとくちょうなどは、みなちがっています。

地球のきょうだいはどんな星?

太陽系の惑星は大きく3種類に分かれます。おもに岩石でできた岩石惑星、おもにガスでできたガス惑星、中心の岩石のまわりを氷がおおい、さらに外がわをガスがおおう氷惑星です。

岩石惑星
水星

太陽系でいちばん小さく軽い惑星。約88日昼がつづいたあと、約88日夜がつづく。

昼は約430度夜は約−180度で、温度差がいちばん大きい。

岩石惑星
火星

かつては水が流れていた。げんざいも北極と南極のいちぶに氷がある。ときどき火星全体をおおう、砂あらしがおきる。

金星をおおう雲が太陽の光をよくはね返すので、明るくかがやいて見える。

岩石惑星
金星

地球と大きさや重さがにている。平均気温が約460度もある、太陽系でいちばん熱い惑星。

岩石惑星
地球

太陽系のハビタブルゾーンにあり、たくさんの生き物が住んでいる。(→P16)

太陽までのきょり

地球は太陽系のなかでは、太陽に近い位置にあります。地球から太陽までのきょりを1としたとき、ほかの惑星はどのくらいの位置にいるのでしょうか?

	水星	金星	地球	火星	木星	土星
太陽	0.4	0.7	1	1.5	5	10

※太陽と惑星の大きさはイメージです。

重力が
大きいから、小さな
天体をいっぱい
引きつけるよ。

ガス惑星
木星

太陽系最大の惑星で、ほか
の惑星をすべて足して2
倍した重さより重い。しま
もようや「大赤斑」とよば
れるうずのもよう（台風のよ
うなあらし）がとくちょう。

やってみよう！

きょうだい星をさがそう

地球のきょうだい星で、肉眼で見
ることができるのは土星まで。い
くつ見られるか、チャレンジして
みましょう。その日に見える惑星
とその位置は、国立天文台の「ほ
しぞら情報」で確認できます。

公開天文台で
天王星や海王星
を見られること
もあるよ。

小さな
氷の天体の
軌道をかえて
彗星にすること
があるよ。

ガス惑星
土星

大きな環がとくちょ
うの惑星。(→ P68)

氷惑星
天王星

自転軸が横だおしのまま、太陽を
まわっている惑星。約42年昼が
つづいたあと、約42年夜がつづく。

氷惑星
海王星

太陽系でもっとも遠
くにある惑星。気温
は約 － 210度でき
わめて寒い。

天王星
19

海王星
30

めだちたがりやの
どせいくん

どせいくんちは　8にん　きょうだい。

たいようから　ちかいじゅんに、すいせいくん、

きんせいさん、ちきゅうさん。

かせいくん、もくせいくん、そして　どせいくん。

てんのうせいくんに　かいおうせいくんも　いる。

8にんも　いると、なかなか　めだてない。
おおきさじゃ　もくせいくんに　かてない。
かがやきじゃ　きんせいさんに　かてない。
ちきゅうさんなんか、うみが　あって　いきものまで
いるんだって！
「みんな、もっと　ぼくを　みてよー」
どせいくんは　めだちたくて　しょうがない。

そこで　どせいくんは、そばを　とおった　こおりの
ほしを　こまかくして、すてきな　わっかを　つくった。
「みて。ぼく　わっかを　もってるんだ！」
「わっかなら　じつは　ぼくらも　もってるよ」
もくせいくんと　かいおうせいくんが　いった。
「ぼくなんか、たてむきの　わっかだよ」
てんのうせいくんが　とくいげに　いった。

どせいくんは、むむむと　うなったけれど、
すぐに　いいかえした。
「でも、きみらの　わっかは　すごく　ほそいし、
　チリで　できていて　ほとんど　みえないでしょう?
　ぼくの　わっかは、こおりだから
　ひかりを　はねかえして　あかるいんだ」
こんどは、もくせいくんたちが　むむむと　うなった。

「わっかを　あかるくして、だれに　みせるの?」
かいおうせいくんが　いった。
「いつか　きっと、だれかが　きづいてくれるよ。
　たくさんの　わっかと　すきまで　つくる、
　もようが　とっても　おしゃれだし」
どせいくん、じぶんの　わっかを　みて　うっとり。

「ほら、どう？　この　かたむき　かっこよくない？
　それとも　こっちのほうが　いいかなぁ？」
どうしたら　かっこよく　みえるか、どせいくんは
わっかの　かたむきを　あれこれ　かえてみた。
「そんなこと　したって、ぼくらいがい
　だれも　みてないと　おもうよ」
もくせいくんたちが、はっはと　わらった。

ちきゅうで、こどもたちが　よぞらを　みている。
「どせいって　わっかが　かっこいいねー！」
「めで　みると、ただの　ひかる　てん　なのにね」
「あっ、わっかに　すきまが　ある！」
「え、はやく　わたしにも　みせて！」
ぼうえんきょうを　のぞいた
こどもたちに、どせいくんは
だいにんき！

ぼうえんきょうの　まえには、
じゅんばんまちの　ぎょうれつが　できた。
どせいくんが　しったら、きっと　おおよろこびだね。

親子で学ぶ ▶ 土星のふしぎ

土星は、美しい環をもつことで人気の惑星。太陽のまわりをまわる
惑星のなかでは木星のつぎに大きく、望遠鏡で環の形も観察できます。

なぜ土星には環があるの?

太陽系の惑星（➡P58）のなかで、土星は明るい環（リング）があることで有名です。でもじつは、木星も天王星も海王星も、巨大惑星にはみんな環があるのです。

環が、いつどうやってできたのか、はっきりとはわかっていません。ただ、まわりの衛星のいちぶが引きよせられてバラバラになり、惑星をまわる環になったという説が有力です。ほかの巨大惑星の環は岩のかけらやチリでできているのに対して、土星の環はほとんど氷でできていると考えられています。そのため、太陽の光をよくはね返し、とくに明るく見えます。

かく大した環のイメージ

大きいけれど、ほとんどが軽いガスでできているから、水そうに入れるとういちゃうよ。

土星の環は円ばんのように見えるけれど、じつはたくさんの氷のあつまりなんだ。

環

直径	12万536km
	（環をのぞいた直径で、地球の約9.4倍）
重さ	地球の約95倍
太陽からのきょり	平均14億2940万km
	（地球の約9.6倍）

68

土星の環は
かたむきが変わる

土星はおよそ27度かたむいたまま、太陽のまわりをまわっています。そのため、地球から見る土星の環のかたむきが毎年変わっていき、およそ30年で見えかたが一周します。15年ごとに環が真横から見える時期がおとずれ、数日間、環がなくなったように見えます。

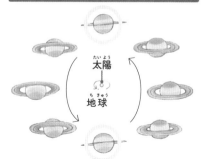

地球から見える土星のすがた

太陽

地球

2025年と2039年に環が見えなくなるときがあるよ。

大きな環だけど、あつさは数十mほどしかないから、真横になったときはほとんど見えないんだ。

水素・ヘリウム

金属状の水素

核（岩石）

やってみよう！

公開天文台などで
土星を見よう

土星が見やすい時期には、公開天文台などで、土星の環を見られるところがあります。近くのしせつをしらべて見てみましょう。土星が明るく見ごろになる時期は、国立天文台の「ほしぞら情報」でしらべられます。

ちきゅうから おっこちちゃう!?

ほっきょくに　すむ　シロクマくんに、
えはがきが　とどきました。
《ぼくは、なんきょくに　すむ　ペンギンです。
　おともだちに　なってください。
　おへんじ　まっています》
「へぇ、うれしいな。なんきょくって　どこだろう？」

シロクマくんが、ちきゅうぎを　しらべると……。
「ほっきょくの　はんたいじゃないか。たいへんだ！
　このままじゃ　ちきゅうから　おっこちちゃう！
　ともだちの　ぼくが、たすけに　いかなくちゃ！」
あわてた　シロクマくんは、ふねに　とびのり
なんきょくを　めざして　たびに　でました。

71

「そろそろ ちきゅうの したがわだ。
　きっと、うみの みずが たきみたいに
　ザーザーと おっこちてるんだろうな」
シロクマくん、ゆうきを だして さきへ すすみます。
けれど、したがわに きたはずなのに、
うみの みずは おっこちていません。

そこへ、クジラが　ゆうゆうと　およいできました。
「クジラさん、ここは　ちきゅうの　したがわだけど、
　うちゅうへ　さかさまに　おっこちないの?」
「おちるわけないよ。きみだって、さかさまに
　なってないだろ?　あわてんぼうだなぁ」
「あれ?　ほんとだ。なんでだろう?」
シロクマくんが　くびを　ひねると……。

「うみも　やまも　いきものも、みえない　ちからで
　わたしが　ひきよせているからなんだ」
こたえたのは、なんと　ちきゅうです。
「えっ、そうなの?」
「じつは、ひきよせる　ちからは　みんな　もってるの。
　シロクマくんも　クジラさんも　もってるよ。
　でも、わたしに　くらべたら
　みーんな　とっても　かるいでしょ」
「そうだね」

「わたしは　うーんと　おもいから、

　ひきよせられても　びくとも　しないし、

　みんなを　ひきよせて　はなさない。

　だから、だれも　わたしから　はなれられないし、

　なにも　うちゅうに　とびでないの。

　ボールを　なげても、すぐ　じめんに　おちるでしょ」

「でも、あれ？　ロケットは　ちきゅうさんより

　かるいと　おもうけど、うちゅうへ　いけるよね？」

「ロケットは、わたしが　ひきよせる　ちからを
　ふりきる　スピードで　とびだすからね」
ちきゅうは、ちょっぴり　くやしそうです。
「それって、どのくらいの　スピードなの?」
「90ぷんで　わたしを　1しゅう　できるくらい。
　ひこうきの　30ばいくらいの　スピードだよ」
「ひえっ!　ものすごい　スピードだね!」

さてさて、ようやく　なんきょくに　つきました。
ほっきょくと　おなじで、ちゃんと　たてます。
「えはがきを　くれたのは　だあれ？　あいにきたよ」
「ぼくだよ！　きてくれて　うれしいな」
シロクマくんは、ペンギンくんと　にっこり　あくしゅ。
「ペンギンくん、ぼくの　いえに　あそびに　こない？
　なんきょくの　はんたいだけど、おっこちないよ！」

重力のふしぎ

地球はボールのような球の形をしているのに、なぜ人や海の水が宇宙へ落ちていかないのでしょうか?

丸い地球でなぜ人が落ちないのか

地球のどこにいても地面に足をつけていられるのは、地球の中心にむかって引きつける「引力」という力のおかげです。引力はどんなもののあいだにもはたらき、重く近いほど強くおたがいを引き合います。地球は60垓トン（→P16）とひじょうに重く、引き合う力が強いうえに、人や海の水のように軽いあいてに引きよせられてもびくともしません。だから人も海の水も地球に強く引きつけられるかたちになり、宇宙に落ちないのです。

なお、地球の自転によって、引力とはぎゃくに宇宙へ飛び出そうとする「遠心力」もはたらいています。引力と遠心力を合わせたものが「重力」です。

ほかの星でも落ちないの?

引力と重力は、地球だけにあるものではなく、宇宙にそんざいするすべてのものにはたらいている力だよ。けれど、その強さは星によってちがうんだ。たとえば、直径が地球の約4分の1である月の重力は地球の約6分の1。地球で50cmジャンプできる人が月へ行くと3mもジャンプできるよ。

地球から飛び出すには？

高くボールを投げても、すぐに地面へ落ちてしまいます。ですが、投げるスピードを上げれば、遠くまで飛ぶので落ちるのもおそくなります。つまり、地球の重力をふりきるスピードを出せば、地球に落ちずに宇宙へ飛び出すことができます。

地球のまわりをまわる人工衛星や、太陽をまわる探査機などは、打ち上げるときのスピードを上げることで地球に落ちずに宇宙へ飛び出せます。

落ちずに地球をまわるには
秒速約7.9km

太陽

地球

地球の重力を
ふりきって
太陽をまわるには
秒速約11.2km

太陽の重力を
ふりきって
太陽系をだっしゅつ
するには
秒速約16.7km

新幹線は
秒速約88m

宇宙に飛び出すことができるスピードを「宇宙速度」という。地球をまわる人工衛星になるか、太陽をまわる人工惑星になるか、太陽系をだっしゅつするかで必要なスピードが3つに分かれているんだ。

やってみよう！

遠心力を感じよう

地球の自転によって地球から飛び出そうとする力「遠心力」は、地球といっしょに回転しているわたしたちには感じられません。ただ、地球だけでなく、回転運動をしているものにはみな遠心力がはたらいています。みぢかなもので遠心力を体験してみましょう。

遠心力を感じるもの

● 自動車でカーブを曲がるとき
（カーブとは反対方向に体がよる）
● バケツに水を入れてふりまわす
（水がバケツの底におしつけられて落ちてこない）
● 遊園地のコーヒーカップ

ほうきぼしの しっぽは なにで できているの?

ほうきぼしに
なりたいな!

ここは、こおりの ほしたちの むら。
「この むらからは、ときどき えいゆうが うまれる。
　たいようを めざして ぼうけんに でて、
　しれんを のりこえた ほしだけが、
　ほうきぼしという えいゆうに なれるんじゃ」
おじいさんの はなしに、みんな めを かがやかせた。
「ほうきぼしって どんな ほしなの?」

「ながーい　おっぽを　ひいて　うちゅうを　とぶ、
　それは　うつくしい　ほしじゃ。ただし、ぼうけんは
　きけんじゃぞ。とちゅうで　バラバラに　くだけたり、
　きえて　なくなったりする　ほしも　すくなくない」
こどもたちは　こわくて、ぶるっと　ふるえた。
「へぇ。ぼく、ほうきぼしに　なりたいな！」
コーリーは、みんなが　とめるのも　きかず、
たいようを　めざして、たびに　でた。

あおい　かいおうせいを　とおりすぎ、
よこだおしの　てんのうせいも　すぎた。
わっかが　きれいな　どせいを　とおりすぎると、
つぎは　しまもようの　もくせいだ。

「きみ、ちょっと　ぼくに　ちかづきすぎ。

　ぶつかって　こなごなに　なりたくなければ、

　はやく　いきなさい」

もくせいに　いわれて、コーリーは　ドキッとした。

「おしえてくれて　ありがとう！」

いちもくさんに　もくせいを　とおりすぎた。

「ひやっとしたなぁ。ぶつからなくて　よかった」

ところが……。

「どっひゃー！」
いろんな　かたちの　しょうわくせいの　むれが、
めのまえに　あらわれた。
「ぶつからずに　とおれますように！」
コーリーは　ゆうきを　だして、しょうわくせいの
あいだを　びゅーんと　とおりすぎた。
「こなごなになる　きけんは、もう　ないかな？」

やがて、あかい　かせいを　とおりすぎたころ。

「なんだか　あつく　なってきたぞ」

コーリーから、もわっと　ガスが　でてきた。

「なに　これ!?　ぼく、こおりで　できているのに!」

それに、おしりが　スースーしてきた。

コーリーが　うしろを　ふりかえると……。

「わー、すっごーい！」

　コーリーは、りっぱな　おっぽを　ひいていた。

　「たいようの　ねつで、からだから　ガスや　チリが

　でて、おっぽに　なったの。きれいね！」

　あおい　ちきゅうが、たのしそうに　いった。

　「ぼく、ほうきぼしに　なれたの?」

　「そうよ。とても　りっぱな　ほうきぼし！」

「ぼく、ほうきぼしに　なりたくて、ぼうけんの
　たびに　でたんだ。うれしいな。でも、
　このまま　きえて　なくなっちゃわないかな?」
「それなら、もう　かえったほうが　いいんじゃない?」
「わかった、そうするよ!」
コーリーは　むきを　かえようと　したけれど、
からだは　どんどん　たいように　ひっぱられて……。

「あちち、たいへん！　きえちゃうよ〜！」
「これが、さいごの　しれんだよ。わたしの　うしろを
　すばやく　まわって　かえりなさい。だいじょうぶ。
　できるかぎりの　スピードで　まわりこむんだ！」
そういったのは、まぶしく　かがやく　たいよう。
「わ、わかった。やってみる！」
「がんばれー！」
きんせいと　すいせいも、おうえんしている。

「いくぞー!」
コーリーは、スピードを　あげて……ぐるん!
たいようの　うしろを　まわって、むきを　かえた。
「たいようさん、ぼく　だいじょうぶだったよ!
　あつかったけど、ほうきぼしに　なれて　よかった。
　おうえんしてくれた　みんな　バイバーイ!」
コーリーは、いきようようと　むらに
かえっていったって。

親子で学ぶ ▶ ほうき星のふしぎ

美しい尾を引くほうき星。正式な名を「彗星」といい、太陽のまわりをまわる太陽系のなかまです。

核
氷にドライアイスやチリがまじっている。

チリの尾
チリでできている。

コマ
核をおおうチリやガス。

イオンの尾
電気をもつガスでできている。

ほうき星という日本のよびかたは、竹ぼうきのように尾を引くすがたからつけられたよ。

ほうき星ってどんな星?

ほうき星（彗星）は、氷、ドライアイス、チリなどからできた「よごれた雪玉」のような星です。核とよばれる本体の大きさは、数km〜数十kmほど。毎年多くの彗星が見つかりますが、長い尾を引くすがたを肉眼で見られる大彗星は、一生に一度見られるかどうかです。

太陽に近づいて熱せられた彗星は、地球近くまで来るとガスやチリをふき出し、尾ができます。尾は、太陽風（→P140）を受けて太陽と反対がわにのびます。そのため、太陽から遠いうちは尾はありません。

ほうき星の動き

細長いだ円をえがいて太陽をまわる。1周するのに短くても数年。数百〜数千年の旅をするもの、1度去ったらもどらないものもある。

太陽に近づくと、明るくなって尾がのびる。

小惑星帯

太陽

地球　火星

木星

土星

※図は彗星の動きの一例をわかりやすく模式化したもの。惑星の大きさや距離は実際のとおりではありません。

ドライアイスを観察しよう

ドライアイスがかたまりから気体になってきえていくようすを観察すると、彗星が太陽に近づいたときをイメージしやすくなります。アイスクリームなどを買ってドライアイスが手に入ったら、平らなお皿に入れて観察してみましょう。

※ドライアイスは素手でさわるとやけどをするので、軍手などが必要。かならず大人があつかい、子どもはさわらないようにしましょう。

ヘール・ボップ彗星

1997年ごろに明るくなり、18か月も肉眼で見えつづけた20世紀の大彗星。ヘール氏とボップ氏によって発見され、この名前がついたよ。

彗星と流星のちがい

彗星と流星は、どちらも星が尾を引くすがたなので、よくまちがわれます。彗星は長い尾をもち、数日〜数か月間ほど見ることができます。いっぽう、流星は彗星が宇宙空間にまきちらしたチリなどが、地球の大気に飛びこむとき、いっしゅんだけ光るものです（➡P150）。

お話に出てきた氷の星たちの村はこのあたり!

海王星（➡P59）より遠くからやってくると考えられている。

天王星　　　海王星

91

ほしって よぞらに なんこ あるの？

おほしさまを かぞえに

ぼくは、プラネタリウムの　ほしを　うつす　きかい。
まるい　ドームに　たくさんの　ほしを　うつすのが、
ぼくの　しごと。
あかるい　ほしから　くらい　ほしまで、
せいかくに　うつせるのが　じまんなんだ。

だけどね、ほんとうに　せいかくなのか、
さいきん　ちょっぴり　しんぱい。
だって、ときどき　こどもたちに　いわれるんだ。
「ほしは　こんなに　たくさん　ないよ」ってね。
かいせつの　おにいさんは、
「ある」って　いうけれど、ほんとかな？
よし、ほんものの　ほしを　たしかめに　いこう。

ドームの　そとは、ビルの　おくじょうだった。
まわりも　あちこち　ビルだらけ。
ぼくって、とかいっこだったんだなぁ。
さっそく　よぞらを　みあげると……。
えーっ、そんな　ばかなー！！

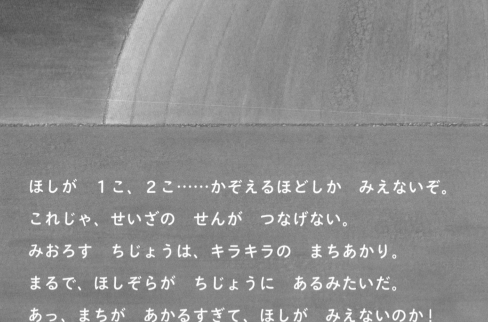

ほしが　１こ、２こ……かぞえるほどしか　みえないぞ。
これじゃ、せいざの　せんが　つなげない。
みおろす　ちじょうは、キラキラの　まちあかり。
まるで、ほしぞらが　ちじょうに　あるみたいだ。
あっ、まちが　あかるすぎて、ほしが　みえないのか！
よし、くらい　よぞらを　さがしに　いこう。

でんしゃに　のりこんで、そとを　みていたら、
まちあかりが　だんだん　すくなく　なってきた。
この　あたりの　ほしぞらは　どうだろう？
でんしゃを　おりて、とことこ　あるく。
さっそく　よぞらを　みあげると……。
わあ、ほしの　かずが　ふえた！
あかるい　せいざは、せんが　つなげる。
だけど、ぼくが　うつす　ほしぞらと　くらべると、
ぜんぜん　ほしの　かずが　たりないよ。

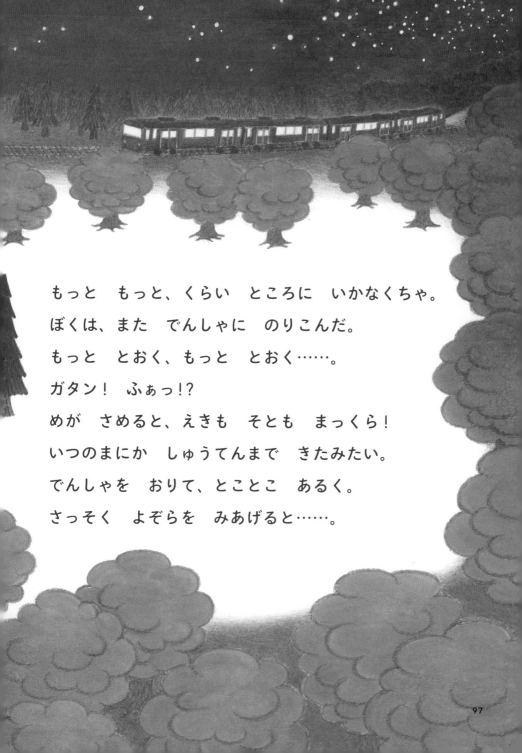

もっと　もっと、くらい　ところに　いかなくちゃ。
ぼくは、また　でんしゃに　のりこんだ。
もっと　とおく、もっと　とおく……。
ガタン！　ふぁっ!?
めが　さめると、えきも　そとも　まっくら！
いつのまにか　しゅうてんまで　きたみたい。
でんしゃを　おりて、とことこ　あるく。
さっそく　よぞらを　みあげると……。

わあ、なつの　あまのがわだ！
くらい　よぞらは、ぼくの　うつす　ほしぞらみたい。
やっぱり、ほしって　かぞえきれないほど　あるんだね。
あー、よかった。

ねぇ、そこの　きみ。
きみの　いえから、ほしは　たくさん　みえる？
みえない　こは、プラネタリウムに　おいでよ。
ほんとは　どのくらい　ほしが　あるか、
ぼくが　みせてあげるからね！

親子で学ぶ ▶ 星の数のふしぎ

夜も明るい都市部では、なかなか見られない満天の星。じっさいには明るい星からくらい星まで、どれくらいの数の星があるのでしょう。

目で見えるのは6等星まで

昔の人は、地上から見てもっとも明るい星たちを1等星、目で見えるぎりぎりの明るさの星を6等星とし、星の明るさを分けてかぞえました。

ですから、夜空の星の数は1等星から6等星までを足せばわかります。すべて足すと約8600こになります。ただ、地平線より下の星は見えないので、見える星の数は半分の約4300こです。

> 1等星（ベテルギウス）
>
> 1等星（リゲル）

> 1等星は、2等星の2.5倍、6等星の100倍の明るさだよ！

> ぜんぶで約8600こ！

- 1等星いじょう … 21こ
- 2等星 …………… 67こ
- 3等星 …………190こ
- 4等星 ……… 710こ
- 5等星 …… 2000こ
- 6等星 …… 5600こ

冬の夜空に見えるオリオン座は、2つの1等星と、5つの2等星をもつ。

明るさのちがいはきょりのちがい

明るい星のほとんどは、地球のご近所の星たちです。恒星でいちばん明るいのは冬に見られるおおいぬ座のシリウスで、地球から見ると1等星よりも明るい − 1.5等級なのですが、それは地球から8.6光年という近さにあるからです。

北の空に1年中見える北極星は2等星でシリウスよりくらく見えますが、それは433光年はなれているから。じっさいにはシリウスより明るい星です。

> 「光年」は、きょりを表す単位。1光年は光が1年間に進むきょりで、9兆4600億km。

> 「等級」は星の明るさを表す単位。1等星より明るいものはマイナス（−）をつけるよ。

くらく見える

100

やってみよう！

ギネス記録の
プラネタリウムでは、
7億こもの星を
うつせるよ！
（2024年5月げんざい）

プラネタリウムで 星空を体感しよう

最近のプラネタリウムは、天の川のように肉眼では区別がつかないあわい明るさの星も正確にうつし、立体的で奥行きのある星空をさいげんしています。空がまっくらなところでは、どのくらいの星が見えるのか体感してみましょう。

日本プラネタリウム協議会：プラネタリウム一覧
https://planetarium.jp/public/planetarium_list/

遠い

同じ明るさの
星なら、きょりが
近いほうが
明るく見える。

近い

明るく
見える

星の色を見くらべよう

明るい1等星を見くらべると、明るさだけでなく色のちがいもわかる。赤い色は年老いた星で温度が低く、青白い星はわかく温度が高い星だよ。

さそり座の
アンタレス（赤）

こと座の
ベガ（白）

写真提供：なよろ市立天文台

目に見えない星の数は？

目に見える星は6等星までですが、目に見えない星のほうがたくさんあります。げんざい、宇宙全体には1千億こいじょうの恒星がある銀河が数千億こあると考えられています。合わせると星の数は数百垓こ、0が22こもならぶ数字です。今後研究が進むと、さらにふえるかもしれません。

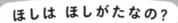

ほしは ほしがたなの？

ほしがたに なりたい
おほしさま

「ねぇ、しってる？ ほしって えに かくと、
　こんな ほしがたなんだって！」
きいろく ひかる、ガスの ほしが いった。
「えっ、わたしたち みんな まんまるなのにね」
あかく ひかる ガスの ほしが おどろくと……。

「よーし、ぼく　ほしがたに　なる！」
あおく　ひかる　ガスの　ほしが、
むむむーっと　ちからを　いれて、
バフッ、バフッ、ボッフーン！
ほのおみたいな　ガスを　ふいた。
けれど、すぐに　まんまるに
もとどおり。
「あれ〜?」

つぎの　ちょうせんしゃは、いわの　ほし。
「いくぜ。よーく　みてな！」
いうが　はやいか、むむむーっと
かおを　まっかにして、
ドーン、ドーン、ドッカーン！
まっかな　ようがんと　いわを　ふいた。

「む？　まだ　とんがりが　たりないな」
ドドーン、ドドーン、ドッガーン！
つんつん　とがった　たかい　やまが　できた。
「えへん、これで　ほしがたに　みえるだろ？」

じまんしたとたん、
やまが　ザザーッと　くずれて、
ひくく　なっちゃった。
「とほほ、ほしがたへの　みちは　けわしいぜ」

つぎの　ちょうせんしゃは、こおりの　ほし。
「ほしがたに　なるのは、この　わたし！」
いうが　はやいか、むむむーっと　かおを　あおくして、
ビューン、ビューン、バッビューン！
ふんすいのように　みずを　ふいた。

とびでた　みずは、あっというまに　カチンコチン。
つららみたいに　かたまった。
「ほら、どう？　すてきな　ほしがたでしょ」
そういって　くるくる　まわると……、
こおりは　ポキン、ガラガラガラ。
あーあ、くずれちゃった。

「わたしが　ほしがたに　なれないなら、
　みんな　ムリ。ほしは　まるいって
　きまってるんだから！」

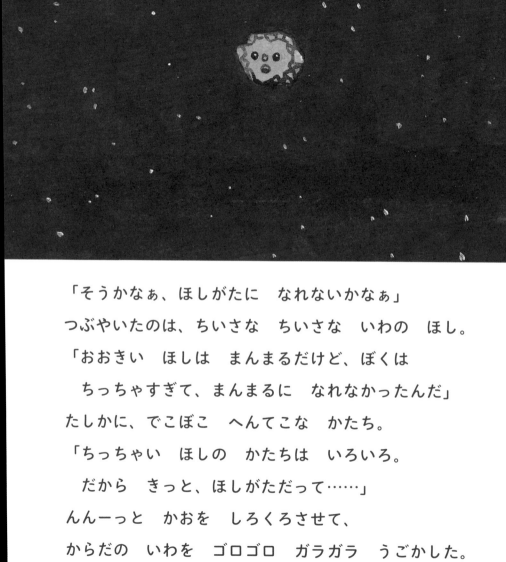

「そうかなぁ、ほしがたに　なれないかなぁ」
つぶやいたのは、ちいさな　ちいさな　いわの　ほし。
「おおきい　ほしは　まんまるだけど、ぼくは
　　ちっちゃすぎて、まんまるに　なれなかったんだ」
たしかに、でこぼこ　へんてこな　かたち。
「ちっちゃい　ほしの　かたちは　いろいろ。
　　だから　きっと、ほしがただって……」
んんーっと　かおを　しろくろさせて、
からだの　いわを　ゴロゴロ　ガラガラ　うごかした。

おや、ほしがたに　みえるね！
「ぼく　とっても　とっても　ちっちゃいけれど、
　ちきゅうの　だれかに　みつけてもらいたいなぁ」
できたばかりの、ちっちゃな　ちっちゃな
ほしがたの　おほしさま。
いつか　だれかに、みつけてもらえると　いいね！

星の形のふしぎ

絵本などでは、星は星形（★）でえがかれることが多いですね。
でも本当の星は、太陽や月のように丸い球の形をしています。

星は球の形が自然

星は宇宙のガスやチリがうずをまきながらあつまって生まれます。いったんガスやチリがあつまりはじめると、中心にむけて引きよせる力（重力）が生まれ、星が大きく重たくなるほど引きよせる力は強くはたらきます。すると、どの場所も中心からほぼ同じきょりのボールのような形になっていくのです。

夜空で光って見える星はどれもとても大きく重く、重力も強い星なので、どれもじっさいは丸い球の形です。

夜空で光っている星は、恒星と惑星だよ。どちらもとても大きいから球になるんだ。

引きよせる力

いびつな形の星もある

小惑星探査機「はやぶさ」が行った小惑星イトカワはラッコのような形、「はやぶさ2」が行ったリュウグウはそろばんの玉のような形をしています。
とても小さい小惑星は、重力が強くありません。そのため、球の形にならずにでこぼこしたままの星があるのです。

◀イトカワ
長径535m

写真提供：JAXA

◀リュウグウ
直径870m

写真提供：
JAXA、東大など

＋や＊に見える星がある!?

星空の写真に、中心から＋や＊など光の線（光条といいます）がのびた明るい星が写っていることがあります。

かがやく光の線はとてもきれいですが、じっさいの星は球の形です。この線は、いちぶの望遠鏡やカメラでさつえいしたときに写るものなのです。また、まつ毛や黒目の形によって、明るい星を肉眼で見たときに光の線が見える人もいます。

明るい光の線が4本

▲ハッブル宇宙望遠鏡で見たカリーナ星雲の中の星

写真提供：
NASA, ESA, and The Hubble Heritage Team (STScI/AURA)

日本では昔から星を丸の形でかいていたんだ。近代になって、ヨーロッパから★の形が伝わって、日本でも★の形でかくようになったよ。

明るい光の線が6本

▲ジェイムズウェッブ宇宙望遠鏡で見たカリーナ星雲の中の星

写真提供：NASA ESA CSA STScI

やってみよう！

光条を見てみよう

街灯や車のヘッドライトなどの強い光を、三角や四角などの多角形にくりぬいた黒いボール紙ごしに見てみましょう。点に見える光のまわりに何本もの光条が見えます。形を変えて遊んでみましょう。光源より小さなあなにするのがコツです。

※ぜったいに太陽を見てはいけません。

細かい形はおうちの人にカッターで切ってもらおう

あまのがわって かわなの?

あまのがわで みずあそび

「あぁ、あついなぁ。みずあそびで すずみたくても、

　みずが ぬるいんだもんなぁ」

カササギが、ためいきを つきました。

「まてよ。よるに なると 『あまのがわ』っていう

　かわが よぞらに あらわれるって、とうさんが

　いってたな」

「へぇ、そんな　かわが　あるの？　すずしそうね。
　あなた、ばしょを　しってる？」
カラスが　こえを　かけました。
「じめんの　はてに、そらの　はじまりが　あって、
　そこから　ながれてるって。いってみるかい？」
「あまのがわで　みずあそびって、すてきね！」
「ようし、きょうは　ふたりで　よふかしだ！」

あたりが　すっかり　くらくなると、よぞらに
あまのがわが　あらわれました。
「へぇ、あまのがわって　おおきくて　あかるいな。
　みて。みなみの　おかの　その　むこう。
　あまのがわが　そらに　のぼっているよ」
カササギが　いうと、カラスも　うなずきました。
「すてきな　ながめ。はやく　いきましょ」

おかを　こえ、もりを　こえ、はらっぱを　こえました。
けれど、あまのがわには　つきません。
「あまのがわって　ずいぶん　とおいのねぇ」
カラスが　ためいきを　つきました。
「それなら、あまのがわの　まんなかへ　いこう。
　　うえに　むかって　とべばいいよ」
カササギが、あたまの　うえを　みあげました。

ひくい　やまを　こえ、たかい　やまを　こえました。
けれど、あまのがわには　つきません。
「あまのがわって　ずいぶん　たかいのねぇ」
カラスが、いきを　きらして　いいました。
「おかしいなぁ。そらを　とべる　ぼくたちなら
　いけるはずだけど」
カササギも　くびを　ひねりました。

「あまのがわは、うーんと　とおくの　ほしたちの
　あつまりだよ。いくなんて　むり　むり」
ちかくで　きいていた、フクロウが　いいました。
「あまのがわが　ほしの　あつまり?」
「みずあそび　できないの?」
カササギと　カラスは　びっくり。そして　がっくり。
しかたなく　かえろうと　ふりむくと……。

そこには、きらきら　かがやく　あまのがわ。

「みて、あまのがわだ。ようやく　ついたよ！」

カササギは、おもわず　ばしゃんと　とびこみました。

「ほら、ほしじゃないよ　みずの　かわだよ！」

それを　みた　カラスも　じゃぽん！

「あぁ、つめたくて　きもちいい〜」

はねで　ぱしゃぱしゃ　みずを　かきます。

「ぼくたちだけで　ふたりじめだね！」

こうして、カササギと　カラスは、
あまのがわの　みずあそびを
たのしみましたって。

あれ、フクロウが　ホッホと　わらっています。
「みずうみに　うつった　あまのがわなのに……。
　ま、いっか。たのしそうだし」

天の川のふしぎ

夏の夜空に見える白い光の帯のような天の川。その正体は「銀河系」とよばれる1000億こいじょうの恒星のあつまりです。

地球も天の川の一員

わたしたちのすむ地球も、銀河系（天の川銀河）とよばれる星のあつまりの中にあります。天の川は、地球から見た銀河系のすがたです。

地球は1年をかけて太陽を1周しているので、季節によって銀河系のどのぶぶんが見えるかがちがってきます。夏になると、星がいっぱいあつまっている銀河系の中心部が見えます。だから夏の天の川は美しいのです。

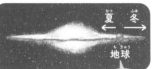

横から見た銀河系

夏 → ← 冬

地球

夏と冬では天の川のぎゃくの方向が見えているよ。

円ばん
星が多いうず状の「うで」と、星が少ないところとがある。

約10万光年

約1万5000光年

バルジ
中心のふくらんだところ。

中心核
中心には、超巨大なブラックホール（→P212）がある。

太陽系
地球をふくむ太陽系は、中心核から約2万6100光年はなれたところにある。

夏の天の川を見てみよう

夏にキャンプなどで空のくらいところに行くことがあれば、天の川を見てみましょう。新月か月が細い日の、午後9時から11時に見るのがおすすめです。

地球の北半球から見た夏の天の川

日本では「天の川」、中国では「銀河」、インドでは「空のガンジス川」などと川にたとえられるけれど、ほかにもミルクにたとえたり、死者のたましいが天国へ行く道にたとえたりする国もあるんだ。英語ではMilky Way（乳の道）と言うよ。

写真提供：
国立天文台

銀河系のすがた

銀河系は、目玉焼きを2まいはり合わせたような形をしています。「黄身」にあたるところはふくらんでいて、「白身」にあたるところは、上から見るとうずをまいています。このような銀河を「うずまき銀河」といいます。

真上から見た天の川銀河

121

おりひめと ひこぼしは ほんとうに であうの?

おりひめ ひこぼし
あえますように!

「きいて! こんやは おりひめぼしと ひこぼしが、
１ねんに いちど あえるひ なんだって!」
たんざくを ぶらさげた ささを かついで、
たぬきくんが やってきました。
「おりひめと ひこぼしって だあれ?」
うさぎちゃんが ふしぎそうに ききました。

「あまのがわの　りょうぎしの

　２つの　あかるい　ほしだって。

　たなばたの　よるに、あまのがわを　わたるんだ。

　そうめんも　よういしたし、みんなで　みようよ!」

たぬきくんは、えっへんと　とくいげに　いいました。

「へぇ、おほしさまが　ちかづくの?」

「すごいね、おもしろそう!」

みんなは、こやまに　のぼって　よるを　まちました。

おひさまが　しずむと、ほしが　みえはじめました。
まっくらになると、そらには　まんてんの　おほしさま。
みんなは　あまのがわを　みあげました。
「ねぇ、どれが　おりひめと　ひこぼし?」
「1ばん　あかるい　ほしが　おりひめぼし。
　あっちの　ひくい　ほしが　ひこぼしだって」
たぬきくんが　ゆびさして　おしえます。

どのくらい　たったでしょうか。
「まだ　あまのがわを　わたらないよ」
「いつまで　まてば　いいの?　くびが　いたいよ」
しかくんと　くまさんは、
まちくたびれて　しまいました。
けれど、2つの　ほしは　ちっとも　うごきません。
「ねぇ、ほんとうに　あまのがわを　わたるの?」
みんなが　たぬきくんを　じとっと　みました。

「だ、だいじょうぶ！　だって　おいら、ねがいごとが
　　かなう　たんざくに　かいたもん。ほら！」
たぬきくんが　みせた　たんざくには、
　　おりひめ　ひこぼし　あえますように！
と　かいてありました。
「なら、わたしも　かく！」
うさぎちゃんが　いうと、みんなも　だいさんせい。

おりひめ　ひこぼし　あえるといいな
おりひめ　ひこぼし　はやく　あって
おりひめ　ひこぼし　あえるまで　まつよ
つぎつぎに　たんざくに　かいて、
ささに　つるしていきます。
ぜんいんが　たんざくを　つるしおえると……。

ぱぁっと　あかるい　ひかりが　ふたつ、
そらから　ふわりと　おりてきました。
「わたしたちに　あいたいなんて　うれしいな」
「ねっしんに　ねがってくれたから、あいにきたよ」
ふふふと　わらいながら　たっていたのは、
おりひめと　ひこぼし！？
「えっ、どうして　ここに　おりてきたの！？」

「えっ、わたしたちに　あいたくて
　　まってたんでしょ?」
「ううん、おりひめぼしと　ひこぼしが、
　　あまのがわを　わたって　あうのを　まってたの」
「そうか!　ごめんね、ほしが　うごくわけじゃないんだ」
「でも、あんしんして。かみさまの　せかいでは、
　　たなばたの　ひに　ちゃんと　あっているから」
「なーんだ!　でも　ふたりが　あえたなら、よかった!」
それから、みんなで　なかよく
そうめんを　たべました。

七夕のふしぎ

おりひめとひこぼしが1年に一度だけ会える七夕。その伝説はどのように生まれたのでしょう。伝説のもととなった星は、どんな星でしょうか。

おりひめとひこぼしが会うのは伝説の中だけ

伝説のもととなった星は、おりひめはこと座の1等星ベガ、ひこぼしはわし座の1等星アルタイルです。伝説のとおり、2つの星のあいだには夏の天の川がありますが、じっさいには天の川をわたって2つの星が近づくことはありません。

なお、伝説ではカササギが天の川に橋をかけてくれます。その位置には大きな十字が目印のはくちょう座という星座があって、天の川に橋をかけているようにつばさを広げています。

こと座のベガ
（おりひめ）

はくちょう座のデネブ

七夕の伝説って？

天の神さまの娘で機織りがじょうずな天女のおりひめと、まじめな牛飼いのひこぼしは、神さまの引き合わせで結婚します。ところが、結婚したとたん、ふたりは仕事をせずに遊びくらすようになってしまいました。
おこった神さまは、ふたりを天の川の両岸に引きはなします。ところが、おりひめとひこぼしは悲しみのあまり仕事が手につきません。そこで、神さまはふたりがまじめに仕事をするかわりに、年に一度7月7日の夜だけ会えるようにしてあげました。

やってみよう！

旧暦の七夕にも夜空を見てみよう

7月7日は梅雨まっただ中ですが、昔のこよみ（旧暦）では、今の8月が七夕にあたります。晴れることも多く、月が夜中前にしずむためくらい場所では天の川までよく見えます。旧暦の七夕にも、おりひめとひこぼしをさがしてみましょう。

こと座とわし座はどんな星座?

こと座

わし座

夏の夜空で頭上にかがやく明るい星が、こと座の1等星ベガ。ベガと近くの小さな平行四辺形がこと座です。こと座から南東へ視線を下げると、わし座の1等星アルタイルがあります。アルタイルを中心にした、三つ子のような星のならびが目印です。

ベガとアルタイルのきょりは14.4光年（→P100）。
おりひめがひこぼしに光の速さでメッセージを送ったとして、ひこぼしから返事がとどくのに30年近くかかるきょりだよ。

お話で出てきたように、七夕には願いごとを書いた短ざくをささの葉につるし、天の川やおりひめの糸に見立てたそうめんを食べる風習があるよ。

わし座の
アルタイル
（ひこぼし）

ベガ、アルタイルにはくちょう座のデネブをくわえて「夏の大三角」とよぶよ。

さがしかた

1 東の空を見上げる。

2 天頂に近くいちばん明るいベガをさがす。

3 にぎりこぶし3.5こ分くらい右下にかがやくアルタイルをさがす。

ベガ

デネブ

アルタイル

うでをのばす

※旧暦の七夕は年によって日がちがいますが、国立天文台のホームページでしらべられます。

オーロラって なあに？

ちきゅうぼうえいたい
バリアーズ

ぼくら、ちきゅうぼうえいたい　バリアーズ。
24じかん　365にち、ちきゅうを　まもっているよ。

ぼくたちは　ちじき！

じしゃくの　ちからで　きょうりょくバリア！

わたしたちは　たいき！

ちっそと　さんそで　きょうりょくバリア！

なにから　まもっているかって？
それは、たいようから　やってくる　かぜ、
たいようふう。
でんきの　ちからを　まとった、てごわい　あいて。
いきものの　からだを　きずつけるんだ。
ウー、ウー、ウー！
おっと、たいようふう　けいほうだ！

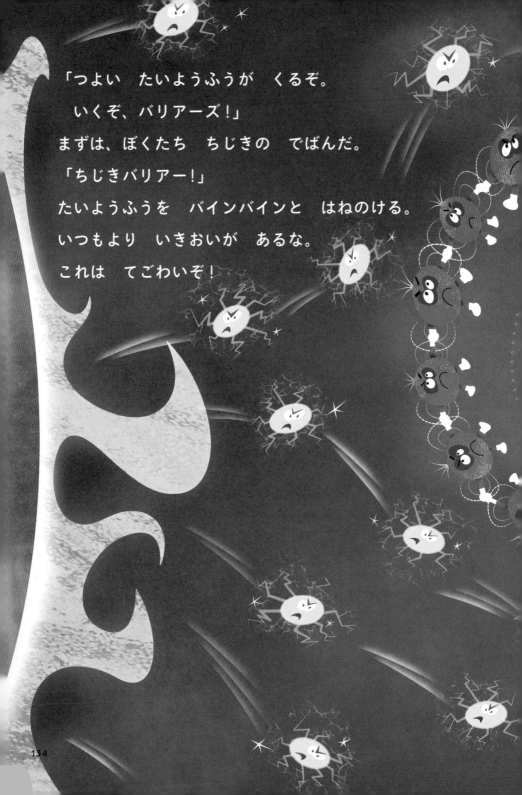

「つよい　たいようふうが　くるぞ。
　いくぞ、バリアーズ！」
まずは、ぼくたち　ちじきの　でばんだ。
「ちじきバリアー！」
たいようふうを　バインバインと　はねのける。
いつもより　いきおいが　あるな。
これは　てごわいぞ！

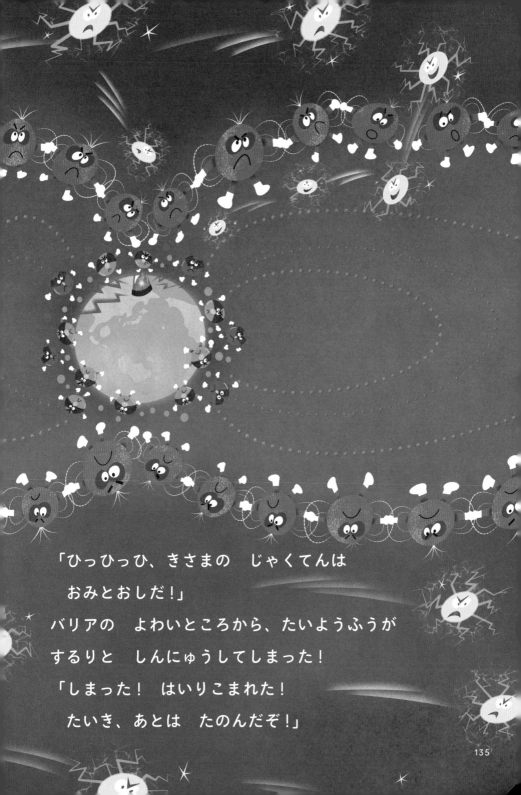

「ひっひっひ、きさまの　じゃくてんは
　おみとおしだ！」
バリアの　よわいところから、たいようふうが
するりと　しんにゅうしてしまった！
「しまった！　はいりこまれた！
　たいき、あとは　たのんだぞ！」

つぎは、わたしたち　たいきの　でばんよ。

「たいきバリアー!」

たいようふうと　たたかう　たいきは、

500キロメートルも　あつみが　あるの。

「さんそパワー!」

あかい　ひかりが　バチン!

「ちっそと　さんその　ダブルパワー！」
みどりの　ひかりが　バチバチン！
「ちっそだらけパワー！」
ピンクの　ひかりが　バチバチバチン！
たいようふうを　むかえうつたび、わたしたちから
ひかりが　とびだす。
「ここから　さきは、ぜったいに　とおさない！」

「うわぁ、きれいな　オーロラ！」

「すごい　はくりょく！」

ちじょうの　いきものたちが、にこにこ　みている。

わたしたちの　たたかいで　でる　ひかりは、

みんなから　オーロラって　よばれているの。

よぞら　いっぱいに　ひろがる、

ひかりの　ヒーローショー。

オーロラの　ひかりは、たいようふうから
みんなを　まもっている　しょうこ。
みんなは　あんしんして　たのしんで。
ぼくたち、わたしたち　バリアーズは、
みんなの　えがおも　まもっているよ！

親子で学ぶ ➤ オーロラのふしぎ

夜空を色とりどりにそめるオーロラ。その美しさは、「太陽風」が地球の大気にぶつかることで生まれます。

オーロラは地球のバリア!?

太陽からやってくる、電気の力をおびた目に見えないつぶの流れ「太陽風」は、生き物の体に害をおよぼします。その太陽風をバリアのようにふせいでくれるのが、地球の「地磁気」という磁石の力と「大気」です。

地磁気には、地球の夜がわ（太陽の反対がわ）に弱くなっているぶぶんがあり、太陽風がすきま風のように入りこみます。それが大気とぶつかることでオーロラとして光って見えるのです。

アーク状

にじのように弓なりに曲がって見える。遠くから見たときの形。

写真提供：
国立極地研究所

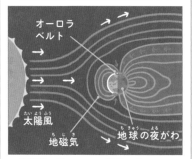

オーロラができる場所

オーロラベルト

太陽風

地磁気

地球の夜がわ

太陽風が入りやすい場所で生まれる。北極や南極に近い、オーロラがよく見えるちいきを「オーロラベルト」とよぶよ。

オーロラの色

地球の大気の成分は、高さによってちがっています。そのため、太陽風のつぶがどの高さで大気とぶつかるかで、光る色が決まります。

大気の高いところでは、さんそのつぶとぶつかって赤色になります。まんなかでは、さんそとちっそのつぶとぶつかって緑色に、低いところでは、ちっそのつぶとぶつかってピンクやむらさきに見えます。

オーロラの形

同じオーロラでも、見る位置によって形がちがって見えます。太陽活動が活発なときは、オーロラのきぼも大きくなります。

カーテン状

カーテンがゆれているように見える。近くから見たときの形。

コロナ状

1点から広がって光が出ているように見える。真下から見上げたときの形。

やってみよう！

オーロラの動画を見よう

プラネタリウムやインターネットで、オーロラを見てみましょう。プラネタリウムでは、オーロラの番組を上映することがあり、本物のオーロラを見上げているようなえいぞうが楽しめます。また、宇宙飛行士がさつえいした宇宙からのオーロラは、地上とはまた見えかたがちがっておもしろいですよ。

JAXAチャンネル
https://www.youtube.com/@JAXA-HQ
※「オーロラ」でけんさくしましょう。

日本でオーロラは見えないの？

日本はオーロラベルトちいきからはずれているので、オーロラが見えることはめったにないんだ。ただし、太陽が活発に活動しているとき、北海道などで遠くのオーロラの、上の赤いぶぶんだけが見えることがあるよ。

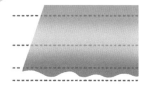

ながれぼし そうだんしつ

こんばんは、ながれぼし　そうだんしつの　じかんです。
《ながれぼしは　どうしたら　みられるの？》
という　しつもんを　いただきました。
では、くわしい　ほうきぼしせんせい、おねがいします。
せんせいは、なぜ　ながれぼしに　くわしいのですか？
「わしが、ながれぼしの　もとを　つくってるからやね」

えっ、ほうきぼしせんせいが　ながれぼしの　もとを
つくっているんですか?
「そや。わしは　ゆきだまみたいな　ほしでな、
　たいように　ちかづくと、ねつで　ガスや　チリが
　でる。この　チリが　ながれぼしの　もとなんや」
そうじが　とくいそうな　なまえなのに、
うちゅうに　チリを　まきちらしているんですか!?
「いやあ　まあ……そうやね」

それで、その ながれぼしの もとの チリは、
いつ ながれぼしに なるんですか?
「わしが ぎょうさん チリを だすやろ。
　ほんで、チリの みちが できるやろ。
　そこを ちきゅうさんが よこぎったときや。
　ちきゅうさんの たいきに チリが つっこんで、
　ながれぼしに なって ひかるんや」

なるほど。でも　たくさん　チリが　つっこんだら、
ちきゅうさんが　チリだらけに　なりませんか?
「チリの　おおくは、すなつぶくらい　ちいさい。
　たいていは　つっこんだときに　きえてまうで」
へぇ、ちきゅうさんが　せんせいの　まきちらした
チリを　そうじして　くれているんですね!
「いやあ　まあ……そうやね」

さて、ながれぼしは　どうしたら　みられますか?
「チリの　みちの、いちばん　こい　ところを
　　ちきゅうさんが　とおる　ひに、
　　ただ　そらを　みあげたらええ」
おや、ひにちも　わかるんですか?
「ちきゅうさんは、まいとし　おなじ　じきに
　　チリの　みちを　とおるでな」

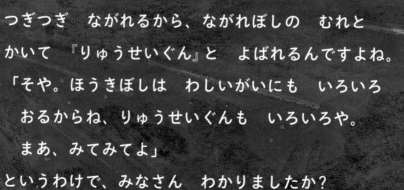

つぎつぎ　ながれるから、ながれぼしの　むれと
かいて　『りゅうせいぐん』と　よばれるんですよね。
「そや。ほうきぼしは　わしいがいにも　いろいろ
　おるからね、りゅうせいぐんも　いろいろや。
　まあ、みてみてよ」
というわけで、みなさん　わかりましたか?
ほうきぼしせんせい、ありがとうございました。
「え、わしの　でばん　もう　おわり?」
はい、ありがとうございました!

さて、ここからは　わたくし　しょうわくせいが、
もうひとつの　ながれぼしを　ごしょうかい。
それが、しょうわくせいどうしが　ぶつかったときの
かけらが、ちきゅうに　とびこむ　ながれぼしです。
ほしの　かけらの　ながれぼしって、
チリの　ながれぼしより　ちょっと　すてきでしょ？

たまーに おおきな かけらが、とくべつ あかるい
ながれぼしに なったり、きえずに おちてきて
いんせきに なることも あるんです。すごいでしょ！
いつ どこに ながれるか ひみつなので、
みられたら とっても ラッキー。
わたしの ながれぼしも、ぜひ さがしてくださいね。
それでは、みなさん さようなら～！

親子で学ぶ ▶ 流れ星のふしぎ

流れ星の正体は、空で光る星ではなく、宇宙をただよう1mmから数cmほどのチリです。なぜ、星のように光って見えるのでしょうか。

流れ星は2種類ある

宇宙にただようチリが、地球の大気とぶつかると、そのときの熱であっというまに高温のガスになって光ってきえます。これが流れ星です。流れ星には、「流星群」と「散在流星」の2種類があります。

彗星から生まれたチリ

地球

太陽

流星群ができるしくみ

彗星（ほうき星➡P90）のとおり道には、帯状にたくさんのチリがあります。ここを地球が横切ると、チリと地球の大気がぶつかって多くの流星が見られるのです。地球が特定の彗星のとおり道を横切る時期は毎年同じ。だから流星群は毎年同じ時期に見られます。

流星群

放射点とよばれる1点からあちこちに飛び出すように見えるよ。

流星群を見てみよう

流星群の活動がもっとも活発な日（極大日）の時間まで予測が出るので、流れ星をかくじつに見るには極大日をねらいましょう。星のよく見えるくらい場所で、15分いじょうじっくり観察します。観察に道具はいりません。国立天文台のホームページで、極大日と時間をしらべておきましょう。はじめて見るなら、とくに多くの流れ星が見える三大流星群がおすすめです。

彗星

夏場でも山などでは気温が下がるよ。ぼうし、長そで、長ズボンを着用し、フリースやダウンも用意しよう。

三大流星群の見える日

しぶんぎ座流星群

1月4日ごろ

くらい場所で見える流れ星の数

1時間に45こ

ペルセウス座流星群

8月13日ごろ

くらい場所で見える流れ星の数

1時間に40こ

ふたご座流星群

12月14日ごろ

くらい場所で見える流れ星の数

1時間に45こ

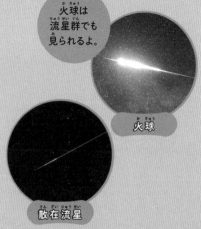

火球は流星群でも見られるよ。

火球

散在流星ができるしくみ

古い流星群のチリや、小惑星の小さなかけらが大気に飛びこんで流れ星になります。毎日流れているものの、いつどこにあらわれるかは予測ができません。とくに明るいものを「火球」といい、きえずに地上に落ちてきたものは「いん石」といいます。

散在流星

ぼくのせいざは どーれ？

「おほしさま　きれいだねぇ」
やまの　てっぺんで、どうぶつたちが　ほしを
ながめていました。
「みて、あれが　ぼくの　せいざ。
『こぐまざ』って　いうんだ」
こぐまが　とくいげに　いいました。

「せいざって　なあに?」
こりすが　きくと、こぐまは　ひろった　おたからの
うすい　えんばんを、みんなに　みせました。
「せいざはね、むかしの　ひとが　つくった、ほしを
　せんで　つないだ　えだよ。いっぱい　あるんだ」
こぐまは　くふんと　わらって、むねを　はりました。
「へぇ!　みせて　みせて!」

「ぼくの　せいざは　どーれ?」
みんなは、えんばんと　そらを　みくらべました。
「わたしの　こぎつねざ　みっけ!」
こぎつねが、うれしそうに　ぴょんと　はねました。
「その　した!　ぼくの　こうまざも　ある!」
こうまが、うれしそうに　うひひーんと　なきました。

「へぇ、どれどれ。やぎの　せいざも　あるんじゃな」
ちかくに　いた、やぎが　のぞきこみました。
「あら、とかげざも　あるのね」
くさむらから　みていた、とかげも　いいました。
「え、いいな　いいな。ぼくの　せいざは　どこ?」
わくわくがおの　こりすが、えんばんと　そらを、
なんども　なんども　みくらべましたが……。

「ぼくの　せいざだけ　ないよ。わーん！」

こりすの　めから、おおつぶの　なみだが

ぽろぽろ　ぽろんと　こぼれました。

「こりすくん　なかないで！」

「くまくん、はやく　こりすざを　みつけてよ」

こぎつねと　こうまに　いわれ、こぐまは　おろおろ。

「こ、こりすざは　ぼくも　みたことない……」

やぎは　なんとかしようと　えんばんを　のぞき……。
「な、なんと!?　やぎざは　かはんしんが　さかなだ!
　こりゃ、にせものの　えんばんだ。きっと　そうだ」
とかげと　こうまも、いそいで　うなずきました。
「そ、そうね。とかげざも　ジグザグで　へんだもの」
「ぼくの　こうまざ　なんか、くびしか　ないよ～!」
「く、くまも　こんなに　しっぽは　ながくないよ」

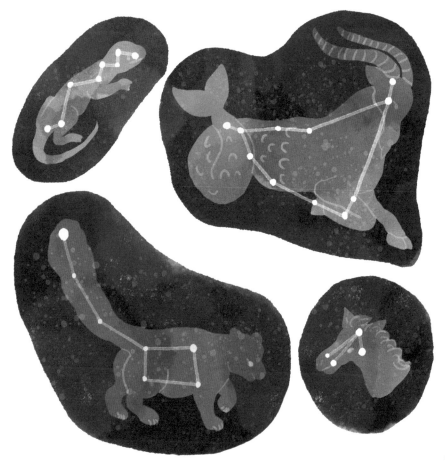

「にせものの　えんばんは　きにしなくて　いいさ。

　そうだ！　わしらで　せいざを　つくろう。な？」

やぎが　いうと、こりすが　かおを　あげました。

「せいざって、じぶんで　つくって　いいの？」

　こぐまが　うんうんと　うなずきました。

「いいよ　いいよ。ひとが　つくった　せいざと、

　ぼくたちの　せいざが　ちがっても！」

「そうね。みんなに　にてる　せいざを　つくりましょ」
こぎつねの　ことばで、こうまが　しっぽを　ふりふり、
はりきって　そらを　みあげました。
「ぼく、どの　ほしを　つなごうかなぁ」
「ぼくも　つくる！」
こりすは、なみだを　ぐいっと　ぬぐいました。
そして、みんなで　たのしく　せいざを　つくりました。

親子で学ぶ 星座のふしぎ

昔の人たちは、夜空に見えるたくさんの星をつなぎあわせて神さまや動物のすがたをえがきました。それが、星座です。

どんな場所でも見えやすい星座は?

町あかりなどで夜でも空が明るい場所では、星が見えづらく、星座も見つけづらいものです。でも、都市部でも見えやすい星座はあります。どの時期に、どんな星座が見られるのでしょう。

星座はいつだれがつくったの?

星座のはじまりは、約5000年前のエジプトとメソポタミア地方(今のイラクあたり)です。人と馬が合体したケンタウルス座や、ヤギと魚が合体したやぎ座は、メソポタミアの神さまのすがたです。その後、ギリシャや大航海時代の南半球などでも星座がつくられ、1928年に国際天文学連合によって、げんざいの88この星座が定められました。

北極星

一年をとおして見ることができる。北斗七星はおおぐま座のしっぽとこしのぶぶん。

北極星のさがしかた
はじの2つの星をむすんだ長さを5倍しよう。

カシオペア座

北極星

北極星のさがしかた
Wの両はじをのばして交わる点からまんなかの星までのきょりを5倍しよう。

北斗七星（おおぐま座）

こいぬ座　プロキオン　ベテルギウス
オリオン座
シリウス
おおいぬ座

冬の星座

3つの星座の明るい星をつなげた形は「冬の大三角」とよばれている。

160

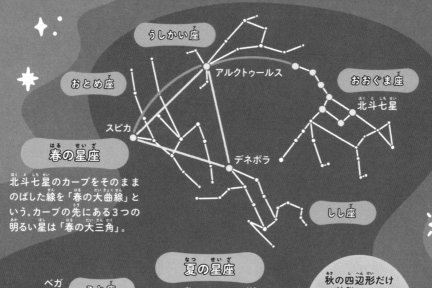

うしかい座

アルクトゥールス

おとめ座

おおぐま座

北斗七星

スピカ

春の星座

北斗七星のカーブをそのまま
のばした線を「春の大曲線」と
いう。カーブの先にある3つの
明るい星は「春の大三角」。

デネボラ

しし座

夏の星座

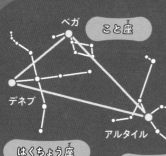

ベガ

こと座

3つの星をつなげた形を
「夏の大三角」という。い
ちばん明るいこと座のベガ
を目印にさがそう。

デネブ

アルタイル

はくちょう座

わし座

秋の四辺形だけ
1等星がない。
だけど、秋の空には
明るい星がないから
見つけやすいよ。

アンドロメダ座

ペガスス座

秋の星座

アンドロメダ座とペガスス
座の明るい星をつなげた形
は「秋の四辺形」という。

やってみよう！

星座を考えてみよう

自分だけの星座を考えてみましょう。QRコー
ドで星図をダウンロードしたら、星を線でむす
び、好きな形につないでみてください。でき
たら、家族や友だちと見せ合って、なんの星座
をつくったか当てっこをすると楽しいですよ。

↑ここから
ダウンロード
してね

いちばんぼしって どの ほしの こと？

いちばんぼし オーディション

「いちばんぼし　みーつけた！」

きょうも　だれかが、いちばんぼしを　みつけたよ。

「わあ、みつかった。さあ、そろそろ　おうちに

　かえる　じかんだよ。みんな、また　あしたね！」

こどもたちを　そらから　みおくるのは、

きんいろに　かがやく　きんせい。

でも、いつでも　きんせいが　いちばんぼしって
わけじゃないんだ。
きんせいは、ゆうがたの　そらと　あけがたの　そらを、
いったりきたりする　ほしだからね。
「そろそろ、あけがたの　そらに　いく　じきね。
　わたしが　いない　あいだ、だれに　いちばんぼしを
　やってもらおうかな。
　そうだ、オーディションで　きめましょう！」

オーディションには、あかるさ　じまんの　ほしたちが、
ずらりと　せいぞろい。
「わたしが　あけがたの　そらに　いるあいだ、
　いちばんぼしに　なる　ほしを　さがしています。
　わたしの　つぎに　あかるいのは、だあれ?」
きんせいが　いうと、もくせいが　こえを　あげた。

「きんせいの　つぎに　あかるいのは、ぼく。

　　そらたかく　のぼれて、めだつこと　まちがいなし。

　　ぼくが　いちばんぼしで　きまり！」

そういうと、じまんげに　かがやいた。

ところが……。

「ちょっと　まって！」

あかい　かせいが、あわてて　いった。

「ぼくが　ちきゅうに　だいせっきんするとき、
　もくせいより　あかるくなることが　あるよ！」
かせいも　いちばんぼしを　やるきまんまん。
「でも、かせいが　1ばん　あかるくなるのは、
　2ねん2かげつごとだよね。
　しかも、たいてい　ぼくより　くらいでしょ」
もくせいに　いわれ、かせいは　ぷんすか。

「もくせいや　かせいが　みえないときも　あるよね。
　そんなときは、ぼくが　いちばんぼしに　なれますよ」
どせいが、わって　はいった。
「それなら、どせいより　あかるい　ぼくでしょう。
　せいざの　あいだを　うろうろする　わくせいより、
　いつも　おなじ　せいざに　いる　ほしが　いいよね」
ふゆに　みえる、おおいぬざの　シリウスが　いった。

「でも、シリウスは　あまり　たかく　のぼれないよね。
　ぼくなら　みやすい　たかさだよ」
はるに　みえる、うしかいざの　アルクトゥールスが
ここぞとばかりに　アピールする。
「あら、わたしこそ　そらの　てっぺんで　めだつわよ。
　それに、みんなが　しってる　おりひめぼしだし！」
なつに　みえる、ことざの　ベガも　まけてない。

みんな、じぶんこそ　いちばんぼしだと　ゆずらない。
きんせいは、だれを　えらぶの!?
「うーん、やっぱり　ひとつに　しぼれない……。
　よし、きめた！
　ゆうがた　さいしょに　みつけられた　ほしが、
　その　ひの　いちばんぼしです！」

さあ、ゆうがたの　そらを　みまわして。
きみが　みつけた　ほしが、いちばんぼしだよ！

一番星のふしぎ

一番星とは、決まった星をさす言葉ではなく、夕方いちばんさいしょにかがやき出す星のことをいいます。今日はどの星が一番星でしょう?

一番星はだいたい金星

一番星はいつも同じ星とはかぎりません。ですが、夕方の西の空にあり、ひときわ目につく星なら、それは金星です。

金星は、太陽、月のつぎに明るく見える星です。夕方に見える時期は「宵の明星」、明け方に見える時期は「明けの明星」とよばれています。この宵の明星のとき、金星が一番星になるのです。惑星は時期によって明るさがちがい、金星がもっとも明るい時期には、恒星でいちばん明るいおおいぬ座のシリウスの約23倍の明るさになります。

宵の明星

金星は英語で「ビーナス」。美しくかがやくすがたから、ローマ神話の美の女神の名前でよばれるようになったんだ。

なぜ金星は明るいの?

金星は、地球より少し小さい惑星です。大きな木星や土星より、小さな金星が明るく見える理由は2つあります。ひとつは、地球のとなりの惑星できょりが近いこと。もうひとつは、金星の雲が太陽の光の76%もはね返すことです(P58)。

金星

もっとも明るいときで
ー 4.9等

お話に出てきた明るい星たち

金星は地球より太陽に近く、夕方や明け方によく見えます。金星がしずむ時間がはやいときや、夕方でなく明け方に見える時期は、ほかの明るい星が一番星になります。

惑星

木星
もっとも明るいときで
ー2.9等

土星
もっとも明るいときで
ー0.6等

火星
もっとも明るいときで
ー3.0等

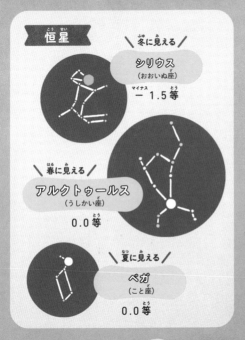

恒星

＼冬に見える／
シリウス
（おおいぬ座）
ー1.5等

＼春に見える／
アルクトゥールス
（うしかい座）
0.0等

＼夏に見える／
ベガ
（こと座）
0.0等

火星はつぶれた円をえがいて太陽をまわっているよ。だから、2年2か月ごとに地球に接近するけれど、そのときどきで地球とのきょりがちがい、明るさも変わるんだ。

やってみよう！

一番星をしらべよう

一番星は、惑星の位置、季節、見る方角、まわりの建物などのえいきょうで変わります。晴れた日の夕方に外へ出て、今日の一番星をさがしてみましょう。一番星を見つけたら、その星が何かしらべてみましょう。国立天文台のホームページでしらべられます。

うちゅうひこうし すごろく

そらくんが、たんじょうびに もらったのは……
うちゅうひこうし すごろく。
「わあ、かっこいいー!」
「うちゅうひこうしって どんなことを するの?」
おねえちゃんの ひかりちゃんも きょうみしんしん。
「いっしょに やろう!」

そらくんが　サイコロを　ふると、1が　でた。

『うちゅうひこうしの　しけんを　うける』だって。

なりたい　ひとは　しけんを　うけるんだね。

ひかりちゃんは　5が　でた。

『しけんに　ごうかくした。うちゅうひこうしの

　くんれんを　2ねんかん　うける』だって。

「えーっ、すぐ　うちゅうに　いけないの!?」

しけんに
ごうかくした！

うちゅうひ〇〇〇〇〇〇　くんれんを
2ねんかん　うける

173

「よし、おいぬくぞ。それっ!」
そらくんの　サイコロは　4が　でた。
「あれれ、ぼくも　くんれんだ」
べんきょうに　うんどう。
うちゅうせんや　ひこうきの、そうじゅうくんれん。
さばくや　どうくつで、サバイバルくんれん。
わあ、うちゅうふくを　きた　くんれんも　あるよ。

「もう　じゅうぶん　くんれんしたよ」
サイコロ　ふって　こんどこそ……。
『うちゅうひこうしとして　うちゅうへ　いく』だって。
「やったー！」
「わたしも　おなじ　マスだよ！」
こまを　うちゅうせんに　のせたら……。

175

ゴゴゴゴゴ〜！

そらくんたちは、すごろくの　うちゅうせんで、

うちゅうに　とびだした。

「うわぁ、はやーい！」

めざす　さきには　うちゅうステーション。

「うちゅうステーションに

　　ドッキングだ！」

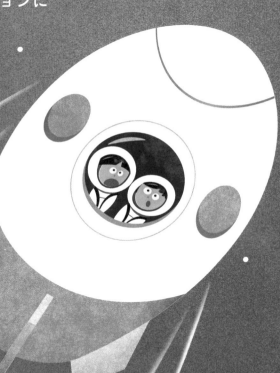

「うちゅうステーションへ　ようこそ！」
にこにこがおの　うちゅうひこうしが、ぷかぷか
うかんで　おでむかえ。
「すごーい！　うちゅうに　きちゃった！」
そらくんも　ひかりちゃんも、ぷかぷか　ういてるよ。
「うちゅうひこうしの　しごとは、たくさん　あるよ」
そらくん、サイコロを　わたされた。

『うちゅうステーションで　そうじゅうを　する』
「ロボットアームを　うごかしてるよ！」

『かがくじっけんを　する』
「あたらしい　くすりの　けんきゅうだって」

『トイレに　はいって　1かい　やすみ』
「みて！　そうじきみたいに　すいこむ　トイレだ」

『うちゅうゴミで　あなが　あいた。しゅうりを　する』
「たいへん！　そとから　あなを　ふさがなきゃ！」
すごろくは、まだまだ　つづく。

『うちゅうしょくを　たべて、げんきが　でる。
　３マス　すすむ』
「わーい！　ぼく、カレーと　ジュースと　からあげ！」
うちゅうしょくを、もぐもぐ　ごくごく。おいしいね。

「いいな。わたしも　たべたい！　それっ！」
『うんどうを　する。つかれて　１かい　やすみ』
「えーっ、うんどうも　しごとなの!?」

つぎに、そらくんが　サイコロを　ふると……6！
『あがり！　にんむを　おえて、ちきゅうに　もどる』
「やったー、ぼくの　かちだ！」
「おめでとう！　また　いつでも　おいで！」
うちゅうひこうしに　みおくられ、うちゅうせんで
ちきゅうに　ぶじ　きかん。

うちゅうひこうし　すごろく、
また　やりたいね！

181

宇宙飛行士のふしぎ

宇宙飛行士は、宇宙でさまざま仕事をするために訓練を受けた専門家です。どんな仕事をするのでしょう?

宇宙飛行士って何をするの?

宇宙飛行士といえば、宇宙にいるすがたばかりが注目されますが、宇宙に行くのは5〜10年に1度くらい。ほとんどの時間は、地上での訓練、宇宙で使うそうちの開発、宇宙にいるなかまのサポートなどをします。

宇宙に行くことが決まってからは、打ち上げまで1年いじょう訓練を受けます。宇宙ではおもに、さまざまな国が協力してつくった「国際宇宙ステーション(ISS)」で活動をしています。今後は月での活動もはじまる予定です。

国際宇宙ステーション(ISS)とは?

写真提供:JAXA/NASA

地上400kmの高さに建設された巨大な実験しせつです。地球を1周するのにかかる時間はたったの90分! 宇宙空間が人にあたえるえいきょうをしらべたり、宇宙でしかできない実験や研究をしたり、地球や天体を観測しています。2030年でやくめを終える予定です。

スペースシャトル「アトランティス号」からさつえいされたISS

やってみよう!

宇宙食を食べてみよう

国立天文台の売店やJAXAのミュージアムショプでは、宇宙食を買うことができます。ふつうのごはんとどうちがうか、食べくらべてみましょう。

宇宙ではどんな仕事をしているの?

無重力での実験

植物のさいばいや薬の開発など、無重力（ P78）のかんきょうを生かしたさまざまな実験が行われている。

地球のさつえい

宇宙から見た地球のようすは、自然科学の研究の重要な資料。プロのカメラマンが使うカメラでさつえいする。

国際宇宙ステーションのそうさ、修理、点検

宇宙での活動の安全を守るため、機体の修理や点検を自分たちで行う。

運動

重さを感じない宇宙では、筋肉やほねが弱くなるから、運動もだいじな仕事。

宇宙飛行士の生活

宇宙飛行士は宇宙へ行っているあいだも、地球と同じようなスケジュールでくらす。土日はお休みだよ。

午前6時	おきる
	朝ごはん（1時間）
	洗顔など（30分）
	地上との作業確認（15分）
	作業（ぜんぶ合わせて6時間）
	昼ごはん（1時間）
	作業
	運動（2時間半）
	地上との作業確認（15分）
午後8時	夜ごはん（1時間）
	自由時間（1時間）
午後10時	ねる

小便
吸引カップ

便座

トイレはホースを使ってそうじ機みたいにすいこむよ。おしっこはリサイクルされて飲み水になるんだ!

ねるときは体がぷかぷかうかんでどこかへ行ってしまわないようにするよ。かべに固定されたねぶくろを使う人がほとんど。

うちゅうかいたくのおはなし

ちきゅうじんさん いらっしゃい！

「ちきゅうさんは　にぎやかで　いいなぁ」
おつきさまが　つぶやきました。
うちゅうに　ぽっかり　うかぶ　あおい　ちきゅうは、
うみが　あって、りくが　あって、たくさんの
いきものが　います。

おつきさまには、くうきも　みずも　ないから、
いきものが　すめなくて、ずーっと　ひとりぼっち。
「わたしの　ところにも、だれか　きてほしいなぁ」

いえ、なんどか　ちきゅうの　うちゅうせんや、
ちきゅうじんが　きたことは　あるんです。
でも、しゃしんを　とったり、いしを　とったあと、
すぐに　かえってしまいました。
それから　なんじゅうねんも、だれも　きません。

おつきさまの　ねがいが　とどいたのでしょうか。
うちゅうせんが　また　やってくるように　なりました。
「わあ、ちきゅうじんさん　いらっしゃい」
ところが、おりてきたのは　ロボットだけ。
「あれ？　ちきゅうじんは　こないの？」

「くるよ。でも、まず　みずを　つくるために、
　こおりの　ありかを　しらべたいんだ。
　じめんに　いえを　おけるようにも　しなくちゃね」
ロボットが　こたえました。

「そっか！　それなら　ここは　どう？
　こおりも　ちかくに　あるし、
　でこぼこが　すくないよ」
おつきさまは、あれこれ　ロボットたちに　おしえます。

つきには、いろいろな　きかいが　はこびこまれ、
いえを　つくる　じゅんびも　できました。
「これで、ちきゅうじんが　こられるんじゃない？」
そして、ついに……。

「ようやく　つきに　やってきたぞ!」
まちにまった　ちきゅうじんが　やってきました。
「ちきゅうじんさん　いらっしゃい。ようこそ!」
おつきさまは　えがおで　おでむかえ。
「おつきさま、これから　どうぞ　よろしく」
ちきゅうじんたちは、ロボットが　じゅんびしたものを
どんどん　くみたてていきました。

「ねぇ、それ　なあに?」
「これは、わたしたちが　くらす　いえ。
　こっちは　こおりから　みずを　つくる　きかい。
　みずは、うちゅうせんの　ねんりょうにも　なるよ。
　やさいも　そだてはじめたんだ」
ちきゅうじんは　すこしずつ　ふえていきました。
「すごい、すごい。まちが　できてきたね!」

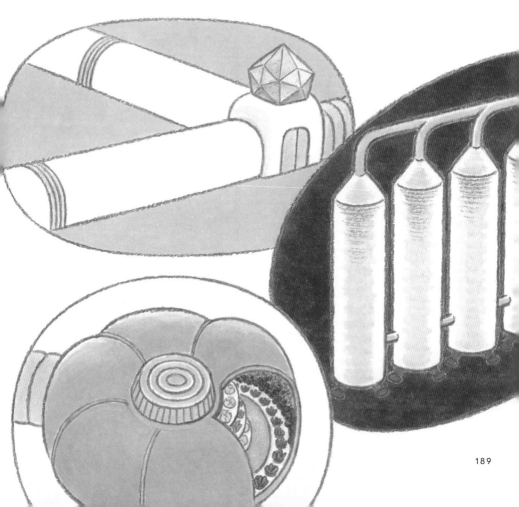

くうきの　ない　おつきさまには、おとが　ありません。
たてものが　できて　ひとが　いても、しずかなまま。
でも、じめんの　したは……ほら！
ちきゅうじんが　くらす　いえの　なかは、
くうきも　ちゃんと　あるんです。
だから、とっても　にぎやか。

いまでは　おおぜいが　つきで　くらしています。
つきうまれの　こどもも　いるんですよ。
「つきうまれだから　『つきじん』だね！」
ほいくえんや　がっこう、こうえんも　できました。
もう　おつきさまは　さびしくありません。
じめんの　したに　みみを　すませば、こどもたちの
わらいごえが　きこえますからね。

人がすめる星のふしぎ

将来、わたしたちが地球いがいの星にすむことは
あるのでしょうか。どんな星ならすめるのでしょう。

地球のほかに人が
すめる星はあるの?

人が宇宙服なしでくらすには、「ハビタブル
ゾーン」にあり、水とさんそがある惑星でな
くてはなりません。そのような惑星は、太陽
系では地球しかありません。太陽系の外には、
ハビタブルゾーンに入っている惑星はあると
考えられています（→P202）。ただ、人がす
めると確認されている惑星はまだ見つかって
いません。ですから、人が宇宙服なしでく
らせる惑星は、今のところ地球だけです。

月のくらしの予想図

ゲートウェイ
月面探査活動の中間基
地として、月の軌道上
につくられる予定

野菜畑
ＬＥＤライトを使っ
た屋内のさいばい

発電しせつ
太陽電池パネルで
電気をつくる

地下居住区
人の体に有害な宇宙の
放射線（宇宙線）をさける
ため、もともとある月の
たてあなを利用する

月や火星にすむ日が来る!?

地球いがいで、人が宇宙服なしでくらせる星は見つかっていませんが、人がくらす計画を進めている星があります。月です。月には、大量の氷があると考えられています。この氷から水とさんそをつくり出すことができるのです。月にふりそそぐ体に有害な宇宙線も、地下ならさけることができます。

そこで、国際的な協力のもと、月に月面基地や月をまわる有人宇宙ステーションがつくられる予定です。月の資源を調査、活用したり、火星など遠くの宇宙へ行くためのきょてんとしたりする目的があります。

やってみよう!

月の重力を感じよう

地球上で完全に月の重力をさいげんすることはできませんが、にたような体験ができるしせつがあります。チャンスがあれば、ぜひ月面重力を体験してみましょう。

体験できるしせつ例

- 多摩六都科学館（東京）
- 千葉市科学館（千葉県）
- 向井千秋記念子ども科学館（群馬）
- 高柳電設工業スペースパーク（福島県）
- 福井県児童科学館（福井）
- あすたむランド徳島（徳島）

など（2024年5月げんざい）

> 月の重力は地球の約6分の1。地球からロケットを打ち上げるより少ない燃料で、遠くの宇宙まで行けるんだ。

水素エネルギーしせつ

月の永久影（1年をとおして太陽があたらない場所）にある氷から水を、水からさんそと水素をつくる

月面探査車

人やロボットを乗せて運ぶ

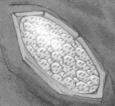

> 建物は月の砂（レゴリスという）を使って月でつくられる予定だよ。地球から材料を運ばなくてすむから、はやく安くできるんだ。

月面ロボット

月のなりたちや月の資源をしらべる

月面望遠鏡

じゃまな電波がないため、より遠くをよりくわしく観測できる

どこかの うちゅうじんさんへ

きょう、ココちゃんの がっこうで、うちゅうじんに
てがみを かくことに なりました。
「みんなが かいた てがみは、うちゅうせんで
　うちゅうに おくられますよ!」
せんせいが いうと、みんな だいこうふん。

ココちゃんも、さっそく　てがみを　かきました。
《どこかの　うちゅうじんさんへ
　そこは　どんな　ほしですか?
　ココと　おともだちに　なってね》
うちゅうじんの　おんなのこと　ココちゃんが、
てを　つないでいる　えも　かきました。

てがみを　とどける　うちゅうせんが　たびだつ　ひ。
がっこうの　みんなで、うちゅうせんを　みおくりに
いきました。
「うちゅうせんって　ちいさいね」
「ながい　ながい　たびを　するから、
　うちゅうせんが　じどうそうじゅうで
　いくんですよ」
「へぇ!」

「てがみが ぶじに うちゅうじんへ とどくと
　いいですね。ほら、しゅっぱつしますよ!」
せんせいが いうと……ウィーン!
うちゅうせんが うかびあがりました。
「いってらっしゃーい!」
みんなが わくわく みまもる なか、うちゅうせんは
バッビューンと とんで、すぐに みえなくなりました。

「せんせい、うちゅうじんに　てがみが　とどくのは
　いつ？　あした？　あさって？」
ココちゃんが　わくわくしながら　きくと、
せんせいが　ふふふと　わらいました。
「うーんと　じかんが　かかるでしょうね。
　すぐ　ちかくの　うちゅうに、いきものは　いないの。
　だから、う———んと　とおくまで　いくんですよ」

「へぇ。じゃあ、らいねんぐらいかな!」

「へんじは　うちゅうじんが　もってくるのかな?」

「きっと　そうだよ!」

「じゃあ、うちゅうじんと　あえるね!」

「どんな　うちゅうじんだろう」

「わたしたちに　にてるかな?」

みんな　うきうきしながら、おうちへ　かえりました。

〈ニュースを　おつたえします。

　きょう、うちゅうじんへの　てがみを　のせた

　うちゅうせんが、モスコせいから　たびだちました。

　ちてきせいめいは　どこに　いるのでしょうか。

　モスコせいの　こどもたちが　かいた　てがみに、

　へんじが　とどくと　いいですね〉

ニュースを　きいた　ココちゃんは、にっこり。
「はやく　ココの　てがみが　とどくと　いいな。
　うちゅうじんが　きたら、いっしょに　あそぶの！」

ココちゃんからの　てがみ、もしかしたら　いつか
ちきゅうに　とどくかも　しれませんね！

宇宙人のふしぎ

「宇宙人っているの?」そんなぎもんをもったことがある人もいるのではないでしょうか。宇宙人はいるかいないか、いっしょに考えてみましょう。

宇宙人はいるの?

わたしたちのすむ銀河系には、およそ1000こくの星があるとされています。ここでいう星はすべて恒星(→P26)のことですが、惑星もかなりの数があり、そのなかには地球のように、水や大気があって温度もちょうどいい「ハビタブルゾーン」に入っている惑星もあると考えられています。ですから、地球いがいにも生命がいる惑星はあるだろうと、多くの天文学者は考えています。

ただ、その生命と交信したり、会ったりするのはむずかしいだろうとも考えられています。地球人と同じかそれいじょうの知性やぎじゅつをもった「知的生命体」が、わたしたちと同じタイミングで宇宙人をさがしていないと、メッセージのやりとりができないからです。たとえば、宇宙人が恐竜時代の地球にメッセージを送ったとしても、恐竜は返事ができませんよね。

やってみよう!

宇宙生物を想像してみよう

別の惑星にくらす宇宙生物を、想像して絵にかいてみましょう。まずはその惑星のかんきょうを考えてみます。かんきょうを決めてから、どんなすがたをしているかイメージをふくらませましょう。家族や友だちと見せ合いっこしても楽しいですね。

かんきょう→ちきゅうより
さむくてくらいほし

きゅうかく200ばい
よくみえるめ
かたいものをかみくだくするどいキバ
もふもふのけ
ぶあついひふ

水が多い惑星だったら、泳ぎやすいすがたをしているかも?

すごく寒い惑星だったら、モフモフなすがたをしているかも?

どうやって宇宙人をさがすの？

これまで、地球ではさまざまな方法で地球外知的生命体をさがしてきました。このようなとりくみのことを「地球外知的生命探査（SETI）」とよびます。また、太陽系の外に生命が生まれるのによさそうな惑星がないか、宇宙望遠鏡や地上の天文台でさがすとりくみもさかんです。知的生命でなければ太陽系にも生命がいるかもしれないと、さがしている研究者もいます。

たとえ宇宙探査機にメッセージをつみこんで宇宙に送っても、今のぎじゅつだと太陽のとなりの恒星まで行くのに4万年もかかってしまうんだ。

知的生命がいる可能性のある星までとどくのには、かなりの時間がかかりそうだね。

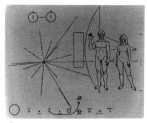

地球から送ったメッセージの例

これまでに、絵のかいてある金属板や、音を録音したレコードを宇宙探査機にのせて宇宙に送り出したことがある。2万5000光年先にある星のあつまりに、電波望遠鏡を使ってメッセージを送ったこともあるよ。

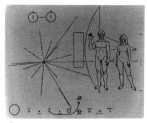

絵のメッセージ　　　写真提供：NASA

音楽やあいさつの音声が収録されたレコード
写真提供：NASA/JPL-Caltech

宇宙からのメッセージもさがしている

電波望遠鏡で宇宙からの電波をキャッチして、宇宙人からの信号やメッセージがふくまれていないかさがしています。

うちゅうかんそくのおはなし

はずかしがりやの
ブラックホール

〈りんじニュースです。

ずっと いると いわれつつ、だれも ちょくせつ

みたことが なかった ブラックホールが、

はじめて さつえいされました！

ごらんください、これが ぎんがの まんなかで

みつかった、ブラックホールの しゃしんです〉

　この　ニュースに、うちゅうは　おおさわぎ。
「これは　すごい！」
「ブラックホールって、どんな　せいかつを
　してるのかな？」
「よし、インタビューを　おねがいしよう！」
みんな、カメラや　マイクを　てに　とびだした。

「ブラックホールさん、そこに　いるんでしょ?」
「インタビューを　させてくださーい」
「なぜ、いままで　すがたを　かくしていたんですか?」
「いつから　そこに　いたんですか?」
とつぜん　おおぜいに　はなしかけられて、
はずかしがりやの　ブラックホールは　びっくり。

「やだ、はずかしい。いきなり　なんですか?
　おはなしすることなんて　ありません。
　わたし、しょくじちゅうなんです……」
ブラックホールが　こまった　こえで　いったけれど、
みんなは　しつもんを　やめようとしない。

「ほう、おしょくじちゅう？
　ブラックホールさんは　なにが　おすきですか？」
「あの、おなかの　なかは　どうなっていますか？」
みんな、きょうみしんしん。
ずっと　ひとりで　しずかに　くらしていた
ブラックホールは、だんだん
イライラしてきた。

「レディに　そんなこと　きくなんて、
　しつれいね……」
ちいさな　こえで　ぼそり。
「えっ、なんですって?」
「もっと　おおきな　こえで　おねがいしまーす!」
そこで、ブラックホールは……。

「はずかしくって、おおごえでは　いえません。
　もっと　ちかづいてくれたら、おはなしします」
「わかりました。このくらいで　いいですか?」
みんな、ブラックホールに　すこし　ちかづいた。
「もっと、ぐぐーっと　ちかづいてくださいな」
いわれるまま　ぐぐーっと　ちかづいた、
その　とたん!
「うわーっ、すいこまれる〜」

やがて　あたりが　しーんと　しずかになると、
ブラックホールは　しつもんに　こたえた。
「わたし、すききらいは　ありません。
　ちかづいたもの　すべて　すいこむんです。
　おなかの　なかが　どうなっているかは……、
　うふふ　いま　みているでしょう?」
そして、また　ひとりで　しずかに　くらしたんだって。

ブラックホール
のふしぎ

なんでもすいこんでしまうという「ブラックホール」。いったいどんな天体なのでしょう?

ブラックホールはなんでもすいこむ!?

ブラックホールは、中心に引きよせる力(重力)がとても大きく、近くにあるものをなんでもすいこんでしまう天体です。宇宙でいちばん速い光でさえにげることができません。光もすいこんでしまうので、わたしたちの目には見えません。そこから、ブラックホール(黒いあな)と名づけられました。

とはいっても、宇宙に「あな」があいているわけではありません。すいこまれたものがぎゅうぎゅうにおしこめられた「点」が中心にあって、どの方向から近づいてもその点にすいこまれてしまいます。一度すいこまれたら二度と出られないので、中がどうなっているかはだれにもわかりません。

ジェット

光速に近いスピードで飛び出すジェットは、ブラックホールの口に入らずにすんだ食べこぼし。ブラックホールにすいこまれたら、にげられない。

降着円ばん

ブラックホールにすいこまれるガスやチリは、まっすぐブラックホールに落ちていかずに、円ばん状のうずをまく。洗面所の水が、うずをまいてすいこまれるのににている。

ブラックホール

ブラックホールは2種類

ブラックホールは、大きく分けて軽いものと重いものの2種類があります。軽いブラックホールは、太陽のおよそ30倍いじょうの重さの星が、一生のおわりに「超新星ばく発」という大ばく発をおこしたときにできます。重いブラックホールは、大きな銀河の中心にあります。ブラックホール同士の合体で大きくなると考えられていますが、はっきりとはわかっていません。

超新星ばく発

恒星がじょじょにふくらんだあと、さいごは自分の重力でつぶれて、大ばく発がおきる。

ブラックホールにすいこまれる星は、重力によってスパゲッティのように細く引きのばされてすいこまれるよ。

ブラックホールの見つけかた

ブラックホールは目に見える光を出しません。けれど、ブラックホールのまわりにあるガスは電波やエックス線（放射線の一種）を出しています。だから、電波望遠鏡やエックス線観測衛星を使ってブラックホールをさがします。

電波望遠鏡を使ってさつえいされたM87銀河のブラックホール（中心の黒いぶぶん）

写真提供：
EHT Collaboration

やってみよう！

電波ぬりえ

ブラックホールをとらえる電波望遠鏡のデータは、そのままでは目で見てわかる写真にはなりません。電波を信号に変え、その信号を写真に変えています。このしくみをかんたんにした、ぬりえにちょうせんしてみましょう。完成すると、M87銀河のブラックホールの絵になります。

「アルマ望遠鏡」公式サイト内 教育コンテンツ ぬりえ
https://alma-telescope.jp/assets/uploads/
2021/12/alma_coloring_M87BH_1.pdf

もっと知りたい！ 宇宙のこと

宇宙は、およそ138億年前に生まれました。直後、きゅうげきにふくれあがって超高温・超高圧の火の玉のようになりました。これを「ビッグバン」といいます。そして、光や全宇宙の星のもとがつぎつぎと生まれました。宇宙は広がりながら冷えていき、げんざいの宇宙となりました。

> たとえるなら、顕微鏡でないと見えない小さいものがいっしゅんで銀河団（たくさんの銀河のしゅうだん）より大きくなるほどのぼうちょうだよ。

1億年後ごろまで

暗黒時代

まだ光をはなつ星ができていなかった。

1〜4億年後ごろ

さいしょの星や銀河の誕生

38万年後

宇宙の晴れ上がり

雲の中のように不透明だった宇宙で、光がまっすぐ進めるようになる。わたしたちが見ることのできるもっとも古い光。

> 宇宙が生まれる前はどうなっていたのか、まだわかっていないよ。

宇宙誕生直後

ビッグバン

宇宙誕生

はじめはごく小さい宇宙だった。

138億年後

げんざいの宇宙

92億年後

太陽系の形成

90億年後ごろ

宇宙のぼうちょうスピードが
ふたたび加速

30〜40億年後ごろ

星がいちばん活発に
生まれていた時代

夜空にはたくさんの星がかがやいていますが、遠い星ほど昔の光を見ています。たとえば、10光年はなれている星からとどいている光は、10年前に出た光です。宇宙は138億さいなので、わたしたちはおよそ138億年前の光までを見ることができます。

ただ、宇宙はずっと広がりつづけているため、138億年前の「宇宙の晴れ上がり」のときに光が出た場所は、げんざい470億光年もはなれていると考えられています。

未来の宇宙はどうなるの？

わたしたちの宇宙がさいごにどうなるかはわかっていませんが、大きく分けて3つの考えかたがあります。

宇宙がつぶれる

宇宙はやがてふくらむのをやめ、ちぢんでつぶれるという予想。

宇宙がはりさける

宇宙をふくらませる力が強くなり、空間もふくめてすべてのものがバラバラになるという予想。

宇宙が永遠にふくらむ

宇宙がふくらみつづけ、となりの銀河も光がとどかないほどはなれていく。銀河内では新しい星が生まれなくなり、すべてのエネルギーを使いつくしたあと、ほとんどからっぽの宇宙になるという予想。

宇宙はまだまだわからないことだらけ。そのなぞをとくのは、大人になったみんなかもしれないね!

監修 大学共同利用機関法人 自然科学研究機構
国立天文台（こくりつてんもんだい）

日本の天文学研究における代表的な研究機関。天文学および関連分野の研究教育を担うほか、大学研究者による共同利用を念頭に大型装置の開発を進め、ハワイ観測所やチリのアルマ望遠鏡、飛翔体による観測研究や天文学専用スーパーコンピュータの運用によるシミュレーション天文学などを推進してきている。また理科年表に代表される暦の作成、中央標準時の決定なども行っている。

担当ページ（50音順）

平松正顕／P92、P112、P132、P152、P172、P184、P194、P204、P214

布施哲治／P8、P18、P28、P38、P48、P60、P70、P80

渡部潤一／P102、P122、P142、P162

作者 山下 美樹（やました みき）

NTT勤務の後、IT・天文ライターをしながら、岡信子氏、小沢正氏に師事し、創作童話を学ぶ。現在は作家業に専念、幼年童話と科学読み物を中心に執筆している。主な作品に、「かがくのお話」シリーズ（西東社）、『地球のあゆみえほん』（PHP研究所）、探査機シリーズ『「はやぶさ2」リュウグウからの玉手箱』（文溪堂）などがある。日本児童文芸家協会会員。埼玉県出身、東京都在住。

AD	細山田光宣 （細山田デザイン事務所）		田中六大（P102、P142）
デザイン	室田潤 （細山田デザイン事務所）		寺山武士（P28、P204） 長崎真悟（P18、P122） 林なつこ（P8、P60、P112）
DTP	小林真美（WILL）　藤城義絵	**図解イラスト** （50音順）	たかまつかなえ（P36、P78、P100、P130、P160、P182、P202）
編集	内野陽子　小椋夏琳（WILL）		
イラスト （50音順）	秋永悠（P48、P194）		中島智子（P16、P58、P68、P120、P150、P192、P212）
	かわむらふゆみ（P92、P184）		フクイサチヨ（P26、P46、P90、P110、P140、P170、P214）
	佐々木一澄（P70、P162）		
	しまざきあんみ（P80、P152）	**写真**	©Getty Images
	高藤純子（P38、P132、P172）		

ぐんぐん考える力を育むよみきかせ
うちゅうのお話20

2024年7月10日発行　第1版
2024年9月10日発行　第1版　第2刷

監修者	国立天文台
著　者	山下美樹
発行者	若松和紀
発行所	株式会社 西東社 〒113-0034　東京都文京区湯島2-3-13 https://www.seitosha.co.jp/ 電話　03-5800-3120（代） ※本書に記載のない内容のご質問や著者等の連絡先につきましては、お答えできかねます。

ISBN　978-4-7916-3230-5